最強の一言 Webコピーライティング

AI時代の初心者が
大手代理店に勝つ技術

ほんの数文字の工夫が「売れるサイト」をつくる！
マイクロコピー活用術

野津瑛司 Eiji Nozu
マイクロコピーライティング協会会長

［監修］山本琢磨

standards

はじめに

▼ マイクロコピーとは？

本書は、マーケティング業界で最近、大きな注目を集めている Webコピーライティング＝「マイクロコピー」について、その概要と 実践ノウハウをわかりやすくまとめたものです。

本書で解説するマイクロコピーをひとことで表すなら、「**誰でも驚 くほど早く簡単に売り上げを伸ばすことができる方法**」です。

あなたのWebサイトにユーザーが訪れたとしましょう。多くの ユーザーが購入や申し込みを完了する前に、サイトから離脱してし まいます。通販サイトの場合は、ユーザーが商品をカートに追加し たものの、決済を完了する前に離脱してしまう割合は平均で7割と いう、驚くべき調査結果も出ています。

ですが、カートまで来ているあなたのお客様というのは、もうほ とんど商品を買う気満々なのです。Webサイトに訪れたばかりの、 買うつもりがあるかどうかわからないユーザーに買ってもらう努力 をするよりも、購入しかけているユーザーをここで離脱させずに購 入完了までもっていくほうが、はるかに簡単です。つまり、売上を すぐに上げたければ、取り逃してしまった7割のユーザーに、あな たの商品を購入してもらうことから始めるべきなのです。

では、どうすれば離脱させずに購入させることができるのか？ **具体的には、標識のような小さなコピーを追加したり、無駄なプ ロセスを省いたりといった、小さな手間を加えていくだけでいいの です。**

本書では、「どこにどんな要素を追加すれば売れるのか？」「あな

たの顧客にとって最善のコピーは何なのか？」といったことについ
て、その具体的な事例をお見せしながらわかりやすく解説していき
ます。

　さらに、ChatGPTなどのAIツールと組み合わせて、もっと効率
的にアイデアを出す方法もお伝えします。本書を読むことで、あな
たのサイトから「もう少しで買うところだったお客様」が離脱するの
を、簡単に食い止めることができるようになります。小さいことに
思えるかもしれませんが、広告など大きく出している企業ほどその
効果は大きく、驚愕するはずです。

　これは、ユーザーエクスペリエンス（UX）、すなわちユーザーが
サービスや製品の使用で得られる体験がより良くなった結果です。
UXの進んでいる米国では、WebデザイナーやコピーライターがUX
に配慮するのは、もはや当たり前となっています。今後は日本国内
でもこの流れはますます強くなっていくでしょう。

　本書を手に取ったあなたにはいち早くこの手法を取り入れること
で、売上アップ、競争力アップを実現していただきたいと思ってい
ます。

　UXデザインが製品やサービスの全体的な設計を指すのに対し、マ
イクロコピーはその中心の一部を構成するものだとイメージしてく
ださい。具体的には、指示や情報を表す短いテキストのことを指し、
ボタンのラベル、エラーメッセージ、ヒント、確認メッセージなど
が挙げられます。

　わずかな文字数ですから、言葉の選び方やトーン、文脈が重要に

なってきます。 UXデザインを変更しようとなると時間がかかりますが、マイクロコピーならば、小さなテキスト変更だけで即座に効果を実感できます。

　これが本書において、UXの中でもマイクロコピーに特化して解説する理由です。言葉の力でユーザーの感情や動機に直接アプローチすることによって、迅速で費用対効果の高い改善ができるようになります。経営者やマーケッターの方々にとって、低コストで早く効果を得られることは、最大のメリットになることでしょう。

　Web制作でのデザインの仕方やツールの使い方などを解説したり、セールスライティングを教える書籍は多くありますが、**本書で解説するのは顧客を理解し、寄り添うためのスキル＝「UXデザインの中核を担うマイクロコピー」**になります。

　UXの国内での認識は、まだまだ顧客が良い体験ができるように設計することにとどまっていると感じます。しかし、それでは抽象的すぎて、改善といってもどこから手をつけていいかわからない、という方も多いでしょう。そこで、マイクロコピーの出番になるわけです。超具体的で、超簡単だから、すぐに改善に取りかかれます。

　これまでWebページの改善を丸投げして自身で取り組むことを避けてきた経営者の方や、結果を求められているのにやることが多すぎてパニックになっているマーケッターの方に、ピッタリな入り口だと考えています。

　難しいUXの定義などは一切なしに、誰が見てもシンプルでわかりやすく、事例を入れて解説していることと、いろいろなパターン

を網羅する百科事典的なものではなく、顧客理解を出発地点にして解説している点が、本書と類書との大きな違いであると言えるでしょう。

▼ 効果バツグン、簡単で誰でもできる！

UXデザインと、その中でも特に言葉に関する部分をつかさどるマイクロコピーは、世界中のWebマーケティング市場において、近年ものすごい勢いで研究されており、この分野のエキスパートの需要も年々拡大しています。

しかしながら、日本国内で注目度はまだまだ十分ではあるとは言えません。その理由としては、UXやマイクロコピーというような呼び方から実体が想像しづらく、そこまで優先度が高くない、と思われがちな部分があるのではないかと感じています。

本書では、その辺りにも考慮しつつ、「今までなんとなくとっつきにくかった」という方にも実践していただけるよう、くまなく詳しく解説いたしました。

あなたがWeb業界に関わっているのならば、この本を読んだ後、「こんな裏ワザみたいな方法があったのか！」と唸るはずです。

本書でもご紹介する北海道の通信販売会社「北の達人コーポレーション」は、何年も前からこのマイクロコピーに目をつけ、**事業を拡大してきました。**同社の木下勝寿社長も発言されていますが、本書で解説する内容は、多くの方が見落としがち、もしくは後回しにしてきたことです。

(※)上場している主なEC企業平均の12倍の利益率を出しており、株価上昇率日本一（2017年、1164％）、社長在任期間中の株価上昇率ランキング日本一（2020年、113.7倍、在任期間8.4年）。

ですが、きちんと理解して取り入れていただければ、売上アップという結果はすぐに出ます。それを「高利益率で急成長」（※）という形で証明した木下社長へのインタビューを最後の章に掲載していますので、ぜひ参考にしてみてください。

▼ 生成 AI×マイクロコピー

　さらに、ChatGPT などの AI ツールと組み合わせることで、マイクロコピーはとんでもない効率で改善を進めることができることが明らかになりました。これをいち早く EC 事業者や Web にでビジネスをされているみなさんにお伝えしたいと思い、本書を執筆しております。

　ぜひ、すぐにでも実践して、あなたの売上アップに貢献できれば幸いです。

　そして良かったら「うちではこんな改善結果が出たよ」など、私が主催するマイクロコピーライティング協会にご連絡いただけると、大変うれしく思います。

▼ 1年分の成長率を15分で

　「中小企業白書」で近年における事業主の廃業率を見てみると1年で37.7％、3年で62.4％、そして10年では88.4％というように、開業した人の約4割が1年以内に廃業していて、10年後まで生き残れる企業となると1割程度まで減ってしまいます。その理由としては資金不足の場合が大半です。

　実際に、私はコンサルタントをしているので、経営者や起業家の

方からたくさんのご相談を受けます。ここでマイクロコピーのテクニックを伝えて、事業者のみなさまと一緒に様々な改善をしてきました。

そこで言えることは、「**困ったらマイクロコピーをまず最初にやってみてほしい**」ということです。困る前からやっていただけたらそれが一番ですが、資金繰りの問題は待ってはくれません。

「売上アップの結果が早く出る」というのがマイクロコピーの売りです。先にやっていればここまで追い込まれずに済んだのに、という場面もたくさんありました。

一般的に、企業の成長率において、15％というのはかなり優良な数字です。成長しているライバル企業は、この数字を様々な施策を打って1年間かけて達成します。ですが、**まどろっこしいことをしなくても、マイクロコピーを使うことで、たった15分間でその成長率15％を達成できるとしたら、どうでしょう。**ライバルに対して驚異的なスピードで成長できるというわけです。

この再現性のあるテクニックを活用すれば、速いスピードで利益率を上げることができるようになります。

さらには、こういった考え方やテクニックが広まることにより、国内の廃業率が下がり、新しい起業家やスタートアップが増えて力を持ち、日本のビジネス全体が成長ができれば、国際競争力も高まっていくだろうと信じています。

ぜひ本書を通して、そのマイクロコピーの力を実感してください。

野津 瑛司

Contents | もくじ

マイクロコピーの
基礎知識

「はじめに」でお話した通り、マイクロコピーとは「誰でも
驚くほど早く簡単に売り上げを伸ばすことができる方法」
ですが、具体的にはどのようなものになるのか、第1章で
はまずその基礎について学んでいきましょう。

1 そもそも マイクロコピーって なに？

　ショッピングサイトなどのボタンの下に「30日間返金保証」と書かれていたり、「お客様の情報は安全に保護されます」という文言があるのを見たことはありませんか？

　これがマイクロコピーです。

**　マイクロコピーとは、Web上で迷子になったり不安になっているユーザーを目的地までスムーズに案内してくれる、標識のようなものだとイメージしてください。**

　「14日間無料トライアル」という言葉があれば、安心して試してみることができますし、「簡単セットアップ」と書かれていれば、使い始めるのがラクだと感じますね。「いつでもキャンセル可能」という文言があれば、ちょっと使ってみようかという気持ちになるのではないでしょうか。

　こういったちょっとしたフレーズがあることによって、ユーザーは安心して行動ができるようになります。

●マイクロコピーと
　UXの関係

SALES

UX

UI

マイクロコピー

ユーザー接点

ユーザー体験

販売

　マイクロコピーとUX（ユーザーエクスペリエンス）の関係は、左ページ下の図のように表すことができます。**なお、ユーザーがWebサイトやアプリを利用する際の体験を総じてUXと呼び、Webサイトやアプリのデザインや設計をUI（ユーザーインターフェース）と呼びます。**

　UXはユーザーの全体的な体験や満足度であり、UIはUXを左右する重要な要素です。ユーザーに親切ではないUIでは、UXも大きく損ないます。そして、マイクロコピーはそのUIの核心部分であり、ユーザーが一瞬でも迷わないように情報を提供したり、エラーメッセージや通知を出して、ユーザーが困ったときに問題解決のお手伝いをします。

　マイクロコピーには、以下のような役割があります。

・ユーザーが、次に何をすればいいか一瞬でわかる
・ユーザーが不安に思っていることを読み取り、解決することで次の行動に移らせる
・ユーザーにストレスを感じさせることなく行動させる
・ユーザーが思わず利用したくなる

　つまり、マイクロコピーは、あなたのユーザーを申し込みや購入を完了するまで行動させる道しるべとなるのです。

　例えば、ボタンなら、ユーザーがクリックして次のステップに進むための具体的な指示や、何が手に入るのかといったことを明確に

伝えるマイクロコピーを設置して、ユーザーが意図した動作を行って期待した結果が得られるようにします。

　マイクロコピーがなければ、ユーザーに優しいUIは成立しない、ということはユーザーをファンにするUXも提供することはできません。つまり、マイクロコピーは最優先でマスターするべきスキルと言えます。

　逆に、あなたのWebサイトに最適なマイクロコピーを作ることができれば、サイトに訪れるユーザーが安心して目的を達成できるので、あなたの商品やサービスの価値を最大化することが可能になるるのです。

2 セールスコピーと マイクロコピーの 違い

　ここで、従来な古典的なセールスコピーとマイクロコピーがどう違うのか、以下の表で比較してご説明しましょう。

● 古典的なセールスコピーととマイクロコピーの違い

古典的なセールスコピー	マイクロコピー
写経をする	訓練はいらない、すぐ使える
ヘッドライン100本書く	ボタン1単語を差し替えるだけ
人を惹きつけ動かそうとする	意識させない
最低でも10日かかる	15分でできる
ノウハウが職人の頭の中	データをもとに誰でもできる
毎回書き直し	1回でずっと売れ続ける

　従来のセールスコピーライティングは、「写経」と言って、有名なお手本を何度も書き写すトレーニングをしたりしますが、マイクロコピーに訓練はいりません。即実践です。

　またセールスコピーライティングというものはたいていの場合、「ヘッドライン100本ノック」のようにたくさん書き出して、その後にブレインストーミングしたり、ディスカッションしたりしながら、最終的に1個のコピーを選んだりするものですが、マイクロコピーはそうしたプロセスを省いて、単語を差し替えてどんどんテストしていきます。

そもそも古典的なセールスコピーは、人を惹きつけ動かそうとしますが、マイクロコピーは逆にユーザーに意識させないようにします。

　古典的なセールスコピーは準備に10日かかりますが、マイクロコピーは15分でできます。こうなると、同じ期間でもマイクロコピーはセールスコピーに比べて改善の回数は圧倒的に多く、取り組むハードルはとても低くなります。

　しかも、セールスコピーはコピーライターという職人の頭の中だけにノウハウがありますが、マイクロコピーは、データと結果から誰でも理解できて、誰でも実践できます。経営者も秘書も、マーケターもデザイナーもカスタマーサポートも、誰でも同じ立場で使えるスキルです。

　そして、セールスコピーは、商材が変わると毎回書き直しになりますが、マイクロコピーはターゲットが一緒であれば、1回の改善でずっと売れ続けます。

　いかがでしょうか？マイクロコピーが、いかにコスパとタイパに優れたスキルかということがおわかりいただけると思います。

3 マイクロコピーが なぜ重要なのか

　以下の画面を見ればおわかりのとおり、GoogleやAmzonそして
PayPalなど、世界の名だたる企業がUXライターやデザイナーを募
集しています(UXライターとは、マイクロコピーライターの別の呼
び方です)。

● Google、Amazon、PayalのUXライター、デザイナー募集広告

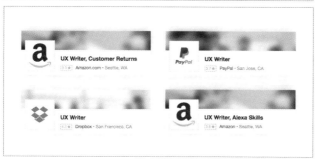

UXライターの需要は、近年どんどん高まっています。

　競争の激しい市場で成功するためには、商品だけでなく接客における顧客体験の満足度を上げることが不可欠になっているからです。

　北の達人コーポレーションの木下社長も「ユーザーの視点に立って考える」と常日頃、発言しています。感度の高い企業はこの重要性に気づいているということです。

　今やデジタル上のサービスは、テキストベースのコミュニケーションで埋め尽くされています。

　Webサイトやアプリを利用する中のあらゆるシーンでテキストが使われていて、それらのテキストはユーザーに情報を伝えたり指示を出したりする役割を果たしています。動画やグラフィックといった資格・聴覚情報の割合が増えている現在においても、テキストの必要性がなくなることは当分ないでしょう。

　ですので、ユーザーとの効果的なコミュニケーションを実現するために、適切なフレーズや文体を工夫することが非常に重要になるのです。

　さらに昨今では、インターネットの進化にともなって、企業やサービスが国を越えてグローバルに展開する機会も増大しています。

　したがって、言語や文化の違いを考慮して、異なる地域や文化のユーザーにもわかりやすくて使いやすい体験を提供することも必要になっているので、そういった意味でも、マイクロコピーを作成す

る専門家の需要は高まるばかりです。

あらゆる場面で、ユーザー中心設計の考え方がどんどん広まってきており、ユーザーのニーズや要求に基づいてサービスを設計し開発するアプローチは、今や必須となってきています。この傾向は今後まだまだ強くなっていくでしょう。

>> ユーザー体験の重要性まとめ

1. UXの重要性が認識されてきている
2. テキストベースのコミュニケーションは今後も必須
3. グローバルな市場の拡大と異文化への適応の必要性

4 マイクロコピーが効果を出しやすい理由

　売上を上げながら利益率も上げる。そんな調子の良いことができるのか？

　実は、マイクロコピーを活用すると、これができるのです。

　売上というのは、このような方程式で構成されています。

> 売上＝集客（広告やSEO）× 接客（引き上げ）×客単価（商品単価や
> リピート率）

　この方程式の中にあるのは、どれも大事な要素ですが、**あえてどれか1つから改善するとなったらまず、接客（引き上げ）を改善することから始めます。**

　集客（広告やSEO）には時間もお金もかかります。そのうえ利益回収までにかなりの時間がかかります。化粧品などの単品通販などではアフィリエイト・フィーなどの広告費を先に支払うため、利益を回収するまでに2年かかることもあります。十分なキャッシュを持っていれば問題ありませんが、そうでなければ倒産の危険があります。

　また、顧客単価も重要ですが、接客を改善せずに単価を上げていくと、早々に顧客が離れてしまいます。

　顧客が買わなくなるまで値上げすればいいと考える方もいるかもしれません（実際、それは正しいと思います）が、接客改善をおろそかにして先に値上げするのは、とてももったいないことだと私は考

えます。なぜかというと、

- ・インターネットユーザーの80％は、優れたユーザーエクスペリエンスの ために追加料金を払っても構わないと考えている
- ・インターネットユーザーの88％は、UXの悪いWebサイトに戻らない可 能性が高くなる
- ・ユーザーの50％が、UXデザインが不十分なために競合他社に乗り換 える

　こういった統計結果があるからです。つまり、十分な接客改善が ないままでは、顧客単価の引き上げができない状況で、顧客が離れ てしまうのです。

　ということは、接客改善をした後なら、値上げしても離脱する顧 客をより少なく抑えられる、と言えるでしょう。

　「接客改善を先に、その後に単価アップを」という順にするだけで、 先に値上げをするよりも利益は格段に増えるのです。

　この点で言えば、接客の改善は比較的簡単ですし、翌日から結果 が出ます。**その接客改善というのが、マイクロコピーで実現できる ことなのです。**

　私が会長を務めるマイクロコピーライティング協会で開催してい るマイクロコピー実践講座に、実際に参加された方々は、1回の改

善テストで、平均して99.14%の改善を実現できました。1回の改善に取り組んだだけで売上は約2倍になっているということです。つまり、マイクロコピーを実践すれば、あなたも以下のような結果を得られるということです。

● マイクロコピー協会のマイクロコピー実践講座での結果

どのくらい改善されましたか?

【109%改善】テスト期間中のコンバージョン率について、「18.95%→20.61%」でした。
【143%改善】4.46% → 6.37%にアップ致しました
【113%改善】シール有り：8.78%　　　シール無し：9.91%　12.9%改善
【442%改善】テスト期間中のコンバージョン率について、「4.17%→18.42%」でした。
【1200%改善】月2件→24件にアップしました
【47%ダウン】47.01%マイナス
【143%改善】
【150%改善】０．５％→０．７５％にアップ
【159%改善】ページ訪問数２６４→366　ページビュー数７２１→1144
【200%改善】問い合わせ数２→3　注文数２→4　※銀行振り込みの方が2人未入金
【122%改善】0.36→0.44%にアップ
【316%改善】テスト期間中のコンバージョン率について、「0.32%→1.01%」でした。
【135%改善】2.86%→3.85%にアップ　オリジナルとの比較34.62%
【110%改善】3.64%→4.00%　オリジナルとの比較10％アップ
【110%改善】テスト期間中のコンバージョン率について、17.24%→18.88%でした。
【13%ダウン】80.5%→70.0%
【106%改善】80.5%→85.4%　5%改善
【107%改善】人気ラベルなし　GF58%：パイン43%　GF62%：パイン38%　約5%誘導成功
【131%改善】
【110%改善】
【140%改善】
【195%改善】

　キャッシュフローは、経営していく中でとても重要なことなので、もう少し詳しくご説明いたします。
　穴の空いたバケツに水を注ぐところを想像してみてください。

● マイクロコピーの改善をしていないサイトは、この状態

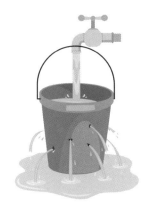

　この状態で、「水がなかなか貯まらない」と相談されたら、「穴を塞げばいいじゃない」と思うでしょう？

　接客改善もそれと同じです。

　商品ページやランディングページの接客改善をしていない状態では、集客してもページから漏れてしまって、まさにバケツから水が漏れてしまっているような状態です。

　水道代（広告費）をかけて水をどんどん注ぐこともできますが、穴を塞いで接客改善をしないままでは、たくさんの水が無駄になってしまいます。

　逆に言えば、穴を塞げば、すぐに水の全体量（売上）が増えるのです。

5 世界トップクラスが認めるマイクロコピーの力

　世界トップクラスのWebライター、マーケッター、UI/UXデザイナーも、ABテストツールの普及によってマイクロコピーの力を認め始めています。

　以下にご紹介するのは、Hubspot社の元UXディレクターであり、Rocket Insights社の共同創設者であるジョシュア・ポーターの発言です。

>> ジョシュア・ポーターの語るマイクロコピー

「もし、あなたがこのマイクロコピーは役に立たないと思うんだったら、サイト上から全て削除してみるといいでしょう。きっと重要な理由がわかるはずです」

○ジョシュア・ポーター：Hubspot社の元UXディレクターであり、Rocket Insights社の共同創設者。Bokardo Design創業者。ソーシャルWebアプリケーション専門のデザインコンサルタント。

6 セールスライティングは そもそも読まれていない？

「そうは言っても売れ行きに大きく関わるのはセールスコピーでしょ？」「マイクロコピーってオマケみたいなものじゃない？」

コピーライターやマーケティングの専門家はこのように思われる方も多いです。

では、こちらをご覧ください。

● 「ウォール・ストリート・ジャーナル」の伝説のセールスレター

THE WALL STREET JOURNAL.
The daily diary of the American Dream.
22 Cortlandt Street/ New York, New York 10007

Dear Reader:

On a beautiful late spring afternoon, twenty-five years ago, two young men graduated from the same college. They were very much alike, these two young men. Both had been better than average students, both were personable and both—as young college graduates are—were filled with ambitious dreams for the future.

Recently, these men returned to their college for their 25th reunion.

They were still very much alike. Both were happily married. Both had three children. And both, it turned out, had gone to work for the same Midwestern manufacturing company after graduation, and were still there.

But there was a difference. One of the men was manager of a small department of that company. The other was its president.

What Made The Difference

Have you ever wondered, as I have, what makes this kind of difference in people's lives? It isn't always a native intelligence or talent or dedication. It isn't that one person wants success and the other doesn't.

The difference lies in what each person knows and how he or she makes use of that knowledge.

And that is why I am writing to you and to people like you about The Wall Street Journal. For that is the whole purpose of The Journal: To give its readers knowledge—knowledge that they can use in business.

A Publication Unlike Any Other

You see, The Wall Street Journal is a unique publication. It's the country's only national business daily. Each business day, it is put together by the world's largest staff of business-news experts.

Each business day, The Journal's pages include a broad range of information of interest and significance to business-minded people, no matter where it comes from. Not just stocks and finance, but anything and everything in the whole, fast-moving world of business.... The Wall Street Journal gives you all the business news you need—when you need it.

Knowledge Is Power

Right now, I am reading page one of The Journal. It combines all the important news of the day with in-depth feature reporting. Every phase of business news is covered, from articles on inflation, wholesale prices, car prices, tax incentives for industries to major developments in Washington, and elsewhere.

(over, please)

これは、「ウォール・ストリート・ジャーナル」の"伝説のセールスレター"と呼ばれているもので、セールスコピーの講座などでは、これをお手本として何度も書き写す練習を勧めてくるところもたく

さんあるかと思います。今も昔も変わらない、セールスコピーの肝とも呼ばれるものなので、トレーニングして体で覚えましょうということなのでしょう。もしかしたら、みなさんも一度は目にしたことがあるかもしれないですね。

　ですが、「ウォール・ストリート・ジャーナル」が今は、どうなっているのかと言うと、以下のものになります。

● 現在の「ウォール・ストリート・ジャーナル」

　日本語も英語も非常にシンプル。「100円で2ヶ月」「いつでもキャンセルOK」というマイクロコピーしかありません。

　セールスコピーで、本当に売れるなら今も使っているはずです。でも使ってないということは、もうセールスコピーだけではモノは売れないということなのです。

　なぜ、こういうことになるのでしょう？　行動心理学者のスーザン・ワインセンチュエン氏のレポートによると、以下のような研究結果が明らかになったそうです。

> **>> スーザン・ワインセンチュエンのレポート**
>
> **「20億回ものユーザーの動きや反応を調べた結果、閲覧者がひとつの
> ページ見ている時間が15秒未満であるケースが55%だった」**

　つまりみなさんのページに来ているユーザーの半分以上は15秒未満しかページを見ていない。**とにかく、文章を読んでないのです。**

　ご覧のように、セールスライティングを頑張っても、結局読まれていないのです。**それでも、買ってくれる見込みの高いユーザーであれば必ず見るところがあります。それはボタンや入力フォームです。**

　ボタンのマイクロコピーをおろそかにすると、本来であれば買ってもらえるものも買ってもらえなくなります。

　ひとつ、実際にあった例をお見せしましょう。整体院のWebサイ

トで、初診の申し込みの獲得に使っていたボタンです。

お問い合わせ

これを、こう変えました。

お問い合わせする

　ひらがな2文字足して、動詞にしただけです。これで何が変わるのか？

　結果として成約率が336.3％になりました。Webサイトの他の部分は、何も変えていません。このボタンのコピーライティングを変えただけです。逆に言えば、このボタンのせいで「本来買ってくれるはずのお客様の7割」をずっと取りこぼしていたのです。

　ご覧の通り、マイクロコピーを改善すれば、他のどのような方法よりも最短で売上を上げることができます。セールスライティングやWebデザインのテクニックに、このようなインパクトのある改善ができるでしょうか。

　だからこそ、マイクロコピーは「ユーザーに読まれなくても売れる最強の一言」なのです。

　最後に「マイクロコピーとは何か」を改めてまとめましょう。

まとめ マイクロコピーとは

☑ ユーザーの行動を伴うサイトやアプリ上の単語のこと
（ボタン、ログイン、エラーメッセージ、フィールド項目、
会報誌の登録、ガイドライン、空白のフォーム、確認画面、
サンキューページなど）

☑ 本当に簡単で、短時間で改善できる

☑ 商品やブランドとお客さまを強く結びつける

☑ 退屈で離脱してしまうページを、魅力的で楽しく、納得し
て購入や申し込みをするような経験に置き換えられる

第 **2** 章

ChatGPTで顧客分析とライティングを爆速で行う

ここ数年で急激に注目を集めるようになってきた生成AI、その代名詞ともいえるChatGPTは、昨今のビジネスでも業務の効率化や生産性の向上を促すツールとして活用されていますが、マイクロコピーにおいても大きな役割を果たしてくれます。特に顧客分析とライティングで威力を発揮するChatGPTの活用法をご紹介しましょう。

1 ChatGPTは 分析と結果の解説を 爆速でできる優秀な部下

　ここ数年で知名度が飛躍的に上がった生成AIですが、その代表格であるChatGPTは、ふだんから使っているでしょうか？

　多くの人がChatGPTをテキストや画像生成のツールとして認識し、使用していますが、その強みはそれだけに留まりません。

　データ分析を行い、その結果をアナリストでない私たち素人にも理解しやすく解説してくれる、非常に優秀な部下にもなり得ます。

　従来、顧客分析はかなりの時間と労力と慣れが必要な作業でした。ですが、顧客を徹底的に理解しなければ、ヒット商品を作ることはできません。商品ページやランディングページのデザインも、セールスライティングも、広告も、そして「最強の一言」すなわちマイクロコピーも、顧客理解ができて初めてその真価を発揮します。

　とはいえ、面倒なプロセスであったが故に、これまで多くの経営者やマーケッターは、この顧客理解のプロセスをおざなりにしてしまったり、安易なテンプレートの流用でお茶を濁したりしてきました。

　ここにChatGPTが登場したおかげで、まるでデータサイエンティストとコピーライターとマーケッターを1人でこなす部下を、誰でも簡単に手に入れることができるようになったわけです。

　おまけにどれだけ働かせても文句を言わず、爆速で仕事を仕上げてくれます。これを使わない手はないでしょう。

　あなたの顧客を分析させ、その理解に基づいてChatGPTにライ

ティングやマーケティングプランの立案を任せれば、ChatGPTはただのツールを超え、あなたの戦略的パートナーに変わります。

　あなたのニーズや目標に合わせて、より精度が高く、より求められる結果に近い成果物を提供するのです。初心者でも、複雑なデータ分析やプロフェッショナルなライティングが必要な時に、ChatGPTは非常に頼りになる存在となるでしょう。

マーケッターの
75%は
顧客を理解していない

　ビジネスで成果を出す人の共通点のひとつに、「顧客理解」が挙げられます。

　どれだけ顧客を理解しているかが、そのまま競合との市場シェアの差だ、といってもいいかもしれません。

　ではそもそも、その顧客理解とはどこまでの範囲を指すのでしょうか?

　多くの場合、顧客のデモグラフィックデータ(年齢、性別、居住地、家族構成、職業など、人口統計学的なデータ)や自社での購買履歴を見たり、あるいは、市場調査でアンケートを取ったりするという程度で「顧客理解」した気になってしまうケースが多いようです。

　これでは全く足りません。と言いますか、見当違いのデータが多く含まれています。

　実際、マーケティング支援事業で大手のHubspot社の調査によると、**「約75%のマーケッターは自分の顧客のことを理解していない」**ということがわかっています。

　では、マイクロコピーにおける顧客理解とはなんでしょう。以下のようなことが、重要なポイントになってくるものと思われます。

・顧客は脳内で何を考えているか?
・どんな言葉を使っているのか?
・ふだんから何を見て/聞いて/話しているのか?

「そんなこと言われても、どうやって……？」と不安になる方も多いと思いますが、**AIの助けを借りて、顧客の脳内を「見える化」する**ことができるのです。

　例えば、安価で容量を重視する化粧水ユーザーですと、ほんの一部の結果ですが、このようになります。

● 化粧品ユーザー顧客の脳内の「見える化」

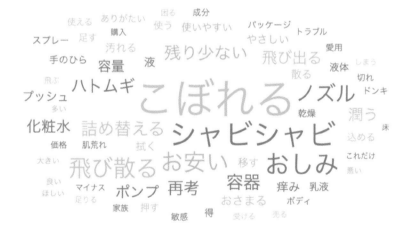

　これは、顧客の声を分析すればすぐにできることです。

　顧客の声が集まっているのは、製品やサービスに対する顧客からのフィードバックやレビューです。しかし、多くの声を効率的に解析し、意味のあるインサイトを抽出することは容易ではありません。**ここで、ChatGPTの「感情分析」機能が強力なツールとなります。**

感情分析とは、テキストの中の意見、感情、評価などを自動的に識別し、分類するプロセスです。**これを用いることで、顧客が製品やサービスに対してどのような感情を持っているかを理解することが可能になります。** たとえば、顧客のレビューが主にポジティブな感情を示しているか、それともネガティブな感情のほうが多いかということを判断できます。

では、実際にChatGPTを使って顧客の声をどのように分析すればいいのでしょうか。

▼ データの収集

まず、解析したい顧客のフィードバックやレビューを収集します。これは、Amazonをはじめとした通販サイト、ソーシャルメディア、顧客からの直接的なフィードバック、オンラインレビューサイトなど、さまざまなソースから得ることができます。

あなたの商品だけではなく、競合の商品ページのレビューも収集してください。

物販ではない業種の方は、Amazonの書籍レビューを参考にしましょう。あなたのサービスと競合する書籍や、競合企業のタレントが出版している本のレビューです。

▼ ChatGPTによる分析

収集したテキストデータをChatGPTに入力します。ChatGPTに感情分析を依頼し、各フィードバックやレビューから、顧客が、

・どのような不満を抱いているか?

・どのような点に満足しているか?

・どのような単語を使っているのか?

・ポジティブ、ネガティブな感情を含んでいるか?

ということを評価させます。

実際には、以下のようなプロンプト(指示文)を、ChatGPTに入力してみましょう。

●プロンプト例:
今から競合商品のユーザーレビューをアップします。これを分析して
『ユーザーがどのような不満を抱いているのか?』をまとめてください。

▼ 結果の解釈

ChatGPTからの分析結果を受け取った後、それを基に顧客の不満点や問題領域を特定します。また、顧客の利用している単語をリスト化してもらいます。

実際には以下のようなプロンプトを、ChatGPTに入力してみましょう。

●プロンプト例:
ユーザーが脳内でどんな言葉を使っているか知りたい。レビュー文章
をもとに、リストアップしてもらえますか?

▼ アクションプランの策定

　分析結果を基に、具体的な改善策や顧客エンゲージメントの戦略
を策定します。たとえば、特定の製品機能に対するネガティブな
フィードバックが多い場合、その機能の改善や顧客への説明方法の
見直しが必要かもしれません。あるいは、競合商品に対するネガティ
ブレビューは、自社商品の強みを発見するきっかけになるでしょう。
「何をアピールすれば顧客に刺さるのか?」悩んでいる場合はこれが
答えになります。

　また、単語リストを元に、マイクロコピーをはじめ、メルマガや
商品ページなどのセールスライティングをします。

　顧客の声からより精度が高いインサイトを得るためのヒントは以
下の通りです。

・多様なデータソースを利用する(さまざまなチャネルからフィードバッ
　クを収集し、全体的な顧客の意見を把握する)
・定期的に分析を行う(市場や顧客の意見は時間とともに変化するた
　め、定期的に顧客分析を行い、トレンドを追跡する)

3 ターゲット顧客の理解を深める ～ChatGPTによる ペルソナの作成～

　次にペルソナを設計しましょう。**ペルソナとは「あなたの理想の顧客像」**です。ペルソナを設計することで、あなたの脳内にあるだけの顧客イメージを、外注も含めてチーム全員で共有できるようになります。

　その結果、販売ページや商品、広告の費用対効果を効率よく改善していけるのです。

　ペルソナの設計で、ひとつ注意しなければいけないことがあります。それは「実際の販売データ」からペルソナを作ること。

【おすすめのペルソナ設定】
STEP1:顧客データを抽出
STEP2:共通点を見つける
STEP3:不足分を取材
STEP4:ペルソナで売上UP

【間違ったペルソナ設定】
STEP1:顧客セグメント設定
STEP2:ユーザーインタビュー
STEP3:グルーピング
STEP4:ペルソナ化

間違ったペルソナ設定の手順を採用してしまうと、「買って欲しい顧客像」を具体化しようとして、この世に存在しないペルソナを作り上げてしまうことがあります。

　まずは、「理想の顧客＝いちばんお金を払ってくれる人」をリストアップしましょう。

・総購入金額TOP20
・購入点数TOP20
・購入単価TOP20
・購入期間TOP20

　それぞれに該当する顧客を抽出して、不足している情報を取材していきます。取材にあたっては、

・普段どのような雑誌/サイトを見ているか？
・普段どのようなアプリを使っているか？
・普段何を聞いてるか？
・何に困っているか？
・これまで何を試したか？

　といった、サイコグラフィックデータ（心理的特性）をヒアリングしてみてください。

　先ほど、「顧客理解にあたってデモグラフィックデータだけでは不足」という話をしましたが、なぜかというと人の行動は人口統計的特性よりも心理的属性に左右されるからです。

　取材してまとめたデータを、ChatGPTで分析し、ペルソナを設計させてみてください。

　とはいえ、「TOP顧客のリストアップやヒアリングは時間がかかるし、すぐには難しい……」という方もいるでしょう。そういった場合は、精度は落ちますが次のような設計方法もあります。

▼ 自社サイトや商品ページの「検索クエリ」を抽出する

　サイトに訪れるためにユーザーが検索に使った単語のことを「クエリ」といいます。まずは、このクエリをリストアップしてください。更に、競合サイトのクエリも抽出してみましょう。「Semrush」や「SimilarWeb」といったWebサイトの競合分析ツールを利用すると、すぐにできます。

　そして、顧客の声を収集し分析させた、ChatGPTとの会話の続きからクエリのリストを追加し、ペルソナ設計をさせます。

●顧客分析プロンプトの例:
「あなたはデジタルマーケターで、顧客の検索キーワードを解析しています。以下のテンプレートに従って情報を入力し、それに基づいて顧客ペルソナの悩みや要求を言語化してみてください。

業界:

対象の製品/サービス:

解析する検索キーワード:

次に、これらの情報とこれまでに分析した顧客レビューを基に、主な顧客ペルソナを設計し、その悩みや要求を言語化してください」

4 コピーライティング作成のためのデータ駆動アプローチ～ChatGPTの活用法～

　ここまで、顧客分析をしてきました。これでようやく、ChatGPTを使ったライティングの準備ができました。あなたの顧客のことを理解していない状態のChatGPTに、利益を上げるライティングをさせるような魔法のプロンプトはなかなかないですから。

　それでは、試しにボタンに使うマイクロコピーのライティングをさせてみましょう。

　先ほどの、ペルソナ分析をさせたChatGPTとの会話の続きに入力します。

【ボタンコピープロンプトの例】

ミッション:

・顧客が押したくなるボタンの文言をアイデアを10個、作成してください。

商品:

・商品名

ターゲット:

これまでのペルソナ分析を踏まえる

悩み:

これまでの分析を踏まえる

制約条件:

・ボタンの上の文言は、ベネフィット訴求する

・ボタン内の文言は、クリックすると何が起きるか、何が手に入るかを明確・具体的に表記する

・ボタンの下には、顧客がボタンを押す際に不安に感じていると思わ
　れる事柄に対する反論を表記する

ランディングページのライティングもできます。

【ランディングページライティングプロンプトの例】
ミッション:
・「商品名」を紹介するLPを作成してください。
商品:
・商品名
ターゲット:
これまでのペルソナ分析を踏まえる
悩み:
これまでの分析を踏まえる
制約条件:
・ベネフィットを訴求する
・これまでの分析を踏まえ、顧客が使っている言葉をできる限り使用す
る
・各見出しは訴求力のあるフックを含める、15文字以内で作成する
・具体的な例や数字を含めて説明文を書く

構成

以下の流れで構成する。
全体的に違和感のない文脈で、丁寧に書いてください。

ヘッドコピー: ターゲットの関心を引きつける、強力なフックを考え、ターゲットが今まさに直面している刺激的な問題を提起してください。この部分では、ターゲットの感情に訴え、既存の常識に挑戦するアイデアを盛り込むことが重要です。

興味をそそる導入: 約100文字で書かれた導入部で、ターゲットが内容を読み進めたくなるように工夫してください。

悩みの共感: 「こんなことにお困りではありませんか?」と尋ね、具体的な悩みを箇条書きにし、商品を解決策として提示します。

商品の特徴: 商品の魅力を詳しく説明するために、各特徴に対する小見出しと詳細な説明を用意してください。

効果の強調: 商品による具体的な効果を、説得力のある言葉を交えて強調します。

変化のストーリーテリング: 商品購入による収益の増加、生活の向上、感情の変化などを物語性を持たせて5つ、紹介します。

変化のストーリーテリング: 商品購入による収益の増加、生活の向上、感情の変化などを物語性を持たせて5つ、紹介します。

信頼性の訴求: 商品提供者の信頼性や専門性を、数字や社会的権威性を利用して、具体的な実績と共に伝えます。

特典の提示: 特別オファーとして3つの特典を提示し、それに関する魅力的な説明を加えます。

価格の提示: 価格を示す際にはアンカリング効果を利用し、「通常価格よりもお得な〇〇円で提供!」と案内します。

行動喚起: 読者に具体的な行動を促すコール・トゥ・アクション（CTA）を設けます。

緊急性の訴求: 限定オファーなど、行動を急がせる要素を含めます。

リスクの軽減: 返金保証や無料体験、顧客サポートなど、購入リスクを軽減する措置を強調します。

よくある質問: 購入前に読者が持ちがちな疑問をQ&A形式で解消します。
追伸: 最後に、商品への情熱や思いを述べ、読者に再度訴えかけます。

　このまま、ステップメールのタイトルアイデアも、ChatGPTに考えてもらいましょう。

　続けて、以下のプロンプトを入力します。

【セールスステップメルマガプロンプトの例】
　これまでの内容を、7つのステップに分けてセールスメールマガジンとして顧客に送ります。タイトル案を20文字以内で、それぞれ執筆してください。
　それぞれのメールマガジンのタイトルには、顧客の検索キーワードを入れてください。

　いかがでしょうか？　漠然としたプロンプトを入力するよりも、圧倒的に「使える」ライティングをしてくれるようになったはずです。

ChatGPTと
マイクロコピーの未来
〜進化するAIの活用〜

　ChatGPTによって、私たちができることの幅や、作業スピードは劇的に変わりました。

　ですが、本質的なこと（顧客理解の重要性や、分析に必要なデータ）は変わりません。そうなると、いかに競合よりも早く、楽に、安くデータを集めて分析するかが、競合に差をつけるために重要な要素になります。ChatGPTをはじめとした生成AIの活用は、避けて通れないでしょう。

　顧客を分析させて理解さえすれば、精度の高いマーケティングプラン全体の作成もChatGPTに手伝ってもらうことができます。

　試しに、以下のテンプレートを使って、あなたのサービスを拡大するための打ち手を半自動でリストアップしてもらってください。

● マーケティングプラン作成のテンプレート

　このテンプレートはExcel形式のスプレッドシートになっているので、下記のQRコードから全体図を手に入れていただくことができます。

　ChatGPTに分析や出力をさせる際に、途中で止まった場合は「続きを書いて」と指示すれば続行してくれます。
　また、抜けや漏れがあった場合や、もっとたくさん詳しく書いて欲しい場合などは、その部分を指摘して再度作業するように指示してみてください。

第 3 章

最強のコンバージョンボタンの作り方

コンバージョンボタンとは、Webサイトにやってきたユーザーを、顧客に転換（＝コンバージョン）させるための ボタンのことです（例えば、購入・申し込み・登録、など）。もっと売上をアップさせるボタンに改善するためにはボタンに表示するマイクロコピーの色、形、デザインを変更してA/Bテストを繰り返し最適化していくことが重要になります。本章ではこれまでよりももっとたくさんのユーザーにもボタンを押させる、最強のコンバージョンボタンの作り方をお見せします。

やってはいけない！
3つのNGボタン

Webサイトでユーザーが購入や申し込みを最後に決める要素になるボタン。ここにどんなコピーを使うかどうかで、クリックさせる確率が大きく変わって来ることはお話した通りです。

まずはみなさんやりがちな、「ボタンのテキスト」に使うワードのNG要素をご紹介しましょう。今すぐ本を片手にあなたやクライアント、ライバルのサイトをチェックしてみてください。

ボタンコピーのNG原則には、以下のようなものが挙げられます。

>> ボタンコピーの3つのNG原則

1.「ダウンロード」や「送信」のような一般的な順序の指示
2.「詳しくはこちら」などの先の見えないコピー
3.「今すぐ購入」のようなハードルの高い行動を強制するようなフレーズ

▼ ❶「送信」は使わない方がいい

使ってはいけない3つのボタンコピー、**まず1つ目は**「送信」です。けっこう使っている方も多いのではないでしょうか。一見、何が起きるかわかりやすいようにも見える「送信」というボタンは、そもそもこの文言が問題だとすら思われていないようで、あらゆるWebサイトで使われています。

では、なぜ「送信」ボタンを使わないほうがいいのでしょう？

ソーシャルメディアの専門家であるダン・ザレラ氏が4万ものラ

ンディングページを調査した結果、「『送信』ボタンが使われている**ランディングページは、他の用語を使用したものよりもコンバージョン（制約率）が低い傾向にある**」ということが明らかになりました。

　下記のグラフをご覧ください。「送信」とそれ以外のボタンコピーを使うか否かで、これだけの差が出ています。
　もう少し細かく見ると、「ここをクリック」や「実行」などのボタンコピーを使ったほうがクリック率が高いというのがわかります。

● 「送信」ボタンを使ったコンバージョン率の差

「送信」ボタンを使う

「送信」ボタンを使わない

13%　　　14%　　　15%　　　16%　　　17%

　実際に私のクライアントにも、テストしていただきました。
　こちらは、建築家とこれから一戸建ての家を建てたい人のマッチングサービスのサイトです。下のところに送信ボタンがありますね。

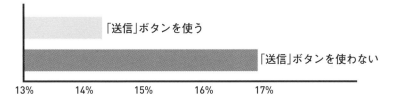

他の場所は一切変えず、このボタンだけを「今すぐ依頼を投稿する」に変えてテストしました。

　結果、成約率が3.6倍以上になるほどに改善することになりました。なぜ、このような変化が生まれたのでしょうか。

　実は簡単なことで、ユーザーは「送信」がしたいわけではなく、「依頼を投稿」したいから。ユーザーがやりたいことをそのまま書いたので、ユーザーにとってわかりやすいボタンになったわけです。

　このように、ユーザーの視点に沿ったコピーをボタンに入れてあげれば、より親切な設計になるわけです。**「送信」は、サービスを提供する私たちの側から見た、機械的な動作を表現しただけで、ユーザー目線のボタンではないのです。**

　あなたがいくら顧客ファーストを謳っていたとしても、ボタンが「送信」であれば全てが台無しになります。企業のスタンスやブランディングが端的に現れるのも、マイクロコピーの特徴です。

▼ ❷「詳しくはこちら」も使わないほうがいい

　「詳しくはこちら」というフレーズは、Webページで非常に多用されていますが、このフレーズを使用することはお勧めしません。

　なぜ、使わないほうがいいのでしょうか？

　ユーザビリティの専門家、ヤコブ・ニールセン博士の研究によれば、一般的なWebページを訪問した際、ユーザーが現実的に読むテ

キストの量は全体の28％に過ぎないとされ、実際には20％程度と見積もられています。

これは、ユーザーがWebページのテキストをほとんど読んでいないことを示しています。

この事実を踏まえると、多くのユーザーはページの内容を流し読みしており、「詳しくはこちら」というボタンの背後にある情報の文脈を理解していない可能性が高いということです。つまりボタンを見たユーザーは「〝詳しく〟って、なんについての〝詳しく〟ですか？」と思っているわけです。その結果、

・ユーザーが求めている情報と異なるページに誘導された
・〝詳しく〟の内容がわからないので怖くて押せない
・知りたい情報があるかわからないので面倒で押せない

といった心理状態に陥ります。そうなるとあなたのユーザーは混乱し、サイトを離れてしまうことが考えられます。

しつこいようですが、たいていのユーザーはテキストをほとんど読んでいません。**ですから、ボタンのテキストに関しては、ユーザーが求めている具体的な行動や情報を、直接反映させるような文面を使う必要があります。**例えば、ユーザーが製品のレビューを見たい場合、ボタンは「レビューを見る」というような、直接的な文章が効果的なのです。

そうは言っても、結局何を書いたらいいか悩んだ挙句に「詳しく

はこちら」と書きたくなる気持ちはわかります。では、どうすれば
いいでしょう。

　ここで必要なのは、情報嗅覚です。ボタンに情報の匂いを染み込
ませます。**具体的なボタンコピーには、ユーザーが次に取りたい行
動をそのまま反映させましょう。**

　ユーザーは「詳しくはこちら」というボタンを押したいわけではな
く、その先にあるレビューを見たかったり、アカウントを作りたかっ
たり、無料のレポートを受け取りたかったり、何かの申込みをした
かったりなど、具体的に次に起こしたい行動があるのです。それを
そのままボタンのコピーにしましょうということです。

● ボタンに情報の匂いを染み込ませる

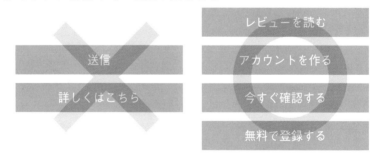

　次の例は、とあるネイルサロンの情報サービスで使われたボタン
の改善事例です。

　オリジナルのボタンは「予約する」でした。

　これに対して5パターンの異なるボタン、オリジナルも入れて6
パターンがテストされました。。

● 次のアクションを具体化すると改善する

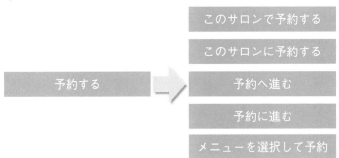

　すると、結果的にいちばん予約率が高かったのが、「メニューを選択して予約」というボタンでした。

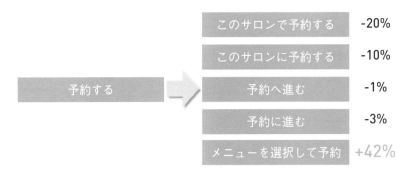

　「メニューを選択して予約」というボタンは、次に何が起きるのかあらかじめボタンに明言されているので、ユーザーが安心してクリックできたと考えられます。他のボタンは、どれもユーザーにとって「押すのが怖いボタン」なのです。まだネイリストを指名していなければ、日程やメニューも選択していない、そのような状態で予約

なんてとても怖くてできません。

　こう言うと「そんなことまでユーザーが思うの？この後にメニューや日程の選択画面に移るであろうことなんて常識じゃないの？」と思われるかもしれません。

　はい、それは常識ではないのです。私たちは、サービス提供側であり続けるうちに、だんだんとユーザー感覚が麻痺してきます。私たちは、「人生で初めてネイルサロンをオンライン予約される方を迷わせず、不安にさせずにゴールまで案内できるマイクロコピー」を書いておく必要があります。その結果が、「メニューを選択して予約」というボタンになったわけです。まさに情報の匂いが染み込んでいるボタンと言えるでしょう。

　ただ、ここでひとつ、忘れてはいけないことがあります。
　ひとつのページのなかのボタンのコピーやデザインにおいては、一貫性を持たせることが必要だということです。
　異なるデザインやコピーのボタンが同じページ内で使用されていると、ユーザーは混乱しやすくなります。
　具体的な例を一緒に見ていきましょう。以下に掲載するのは水回りの修理サービスの提供業者のサイトの事例です。

● **水回り修理サービス提供業者サイトの事例**

見積もりをとる	料金を確認する
A	B

　左のボタンは「見積もりを取る」、右は「料金を確認する」。どちらのボタンも押した後の行き先は一緒で、見積もりの依頼フォームのページに飛びます。

　ボタンをクリックするときにユーザーは何を期待して押しているのか、そのことを踏まえて考えると、最後の申し込みまでしてくれた人が押すことが多かったのは、AかBのどちらでしょうか？

　結果、申し込みが多かったのは、Aの「見積もりをとる」のほうでした。申込率でいうと、2倍以上の差です。

　なぜ、これだけ違いが生まれたのかと思いますか？

　「料金を確認する」のボタンでユーザーはどのような期待を抱きながらボタンをクリックするでしょうか。「料金表を見たい」ですよね。これはBtoBの企業などではよく見かける手口でもありますが、見積もり依頼なしで手っ取り早く料金表を見れるのかと期待して「料金を確認する」を押したら見積もり依頼フォームに飛んでしまって、ユーザーをイラッとさせるということが非常によくあります。

　そうするとユーザーは「話が違う」と思って離脱するのです。一貫性というのはボタンの色やデザインも同様です。

　北の達人コーポレーションでもこの一貫性のテストを実施されています。

　最初のクリックから購入完了に至るまで、いくつかあるボタンが「別々のデザインのページ」と「全部同じデザインのページ」で、両方テストした結果、後者のほうで成約率が124%の改善を果たしました。2倍以上の差が出たわけですが、単にデザインを揃えただけで

す。

　**デザイン違い、色味違い、ボタンコピー違い。こういったものは
ユーザーにとっては「一貫性のなさ」に映ります。**

　例えば最初のページでは「セミナーを申し込む」というボタンだっ
たのに、最後の方では「受講する」のように言い方が変わると、一貫
性がなくて違和感を感じ、結果として申し込みかけていたにも関わ
らず、離脱してしまうでしょう。

　ボタンの言葉やデザインの一貫性のなさは、売上を低下させる大
きな要因となります。

　ユーザーに安心して申し込んでもらったり、購入してもらうには、
ボタンの一貫性を保つことが不可欠なのです。

▼ ❸「今すぐ申し込む」で本当に大丈夫？

　**「今すぐ購入する」というボタンコピーも、あまりお勧めしませ
ん。**

　このマイクロコピーを使うのは、必ずしも誤ったアプローチでは
ありませんが、重要なのはそのタイミングでユーザーがその言葉を
求めているかどうかということです。ここを考慮せず「買わせたい
から」と言う理由でこのボタンを使っている方がとても多いのです
が、それではユーザーは行動しません。いくら「今すぐ」と言うタイ
ミングワードがあろうと、です。

　ユーザーがその瞬間に真に求めているのが商品やサービスの購入
なのか、それとも製品の使い方や機能に関する情報なのか、リサー

チする必要があります。

　もしかするとユーザーは、

・まずは使い方を見たいのかもしれない
・まずは無料で体験してみたいのかもしれない
・試すことすら迷っていて、問い合わせや相談をしたいのかもしれない

　という理由からです。

　例えば、ユーザーが買おうとしている製品が自分のパソコンでも使えるのかを確認したい場合、無料体験よりも「相談してみる」といったボタンのほうがクリックしやすいでしょう。このような場面で「今すぐ購入する」というボタンを提示すると、ユーザーは「私はその行動を求めていない」と感じ、サイトを離脱するリスクが高まります。ユーザーのニーズとボタンのメッセージが一致しているかどうかは、クリック率や成約率に大きな影響を及ぼします。

　オンライン学習サイト「Quimbee.com」の場合、初めは「100％返金保証」と言う文字を添えて「いますぐ申し込む」というボタンを使っていました。この「返金保証」は確かに魅力的なワードですが、マーケティング担当者はアプローチを見直し、「全プラン7日間無料」と言う文字を添えて「無料で体験する」というボタンに変更しました。この結果、収益は106.59％になったのです。

　これは、単純に「購入」をプッシュするのではなく、ユーザーのニーズを正確に捉え、そのニーズに応えるメッセージを表示するこ

との重要性を示しています。

● オンライン学習サイト「QueenBee.com」

　もちろん、日本語の事例でも同様です。
　以下に挙げるのは、とある記事LP（購入前にワンクッション入れるページ）です。

● 記事LPの改善事例

　商品を紹介する記事の中にこのように入れていたボタンを、以下のように変えました。

結果、クリック率はなんと1.65倍にまで上がっています。なぜでしょうか?

商品を第三者の目線で紹介しているこのページでは、ユーザーは「良さそう、買いたいと思ってはいるけど、決断に必要な公式情報が足りない」という状態だったのですね。

紹介されていて良さそうとは思っているけれど、「買うというよりは、ちゃんと公式の情報を見たい」と思っていて、そういったニーズに対して「定期購入はこちら」はハードルが高かったわけです。

結果、「公式サイトはこちら」がこの瞬間のユーザーのニーズに寄り添ったボタンであったと言えるでしょう。

2 マイクロコピーだけじゃない！ ボタンの「色」も とても重要

　ニュースにもなっていたのでご存じの方も多いかもしれません が、グーグルのマーケティング担当だったマリッサ・メイヤーが、 グーグルのページに使うボタンの色を、微妙に少しずつ変えた41パ ターンの青色でテストしろという指示を出して、デザイナーが怒っ て辞めてしまったということがありました。

　ですが結果として、ほんの少しの色味の違いだけで、広告収益に 2億ドルもの大きな差が生まれたという、素晴らしく正しい判断 だったことがわかりました。

● Googleの使っている「青」

　これは、ボタンにどんな色を使えばいいかという話ではなく、サ イトに訪れるユーザーの属性によって、使うべき色は変わるという ことです。

　ですが、あえて平均打率の話で言うならば、「青」がクリック率と しては高いようです。

　なぜかというと、iPhoneで使われる iOS や Google Android、MacOS や WindowsOS など、平均的なユーザーの大半が普段から慣れ親しんでいるプラットフォームは、トリガーボタンが「青」であることが多いのです。ですから「青」は、次の動作が確実に起こるという信頼性が擦り込まれているのですね。

　でも、どうして、「青」がクリックされやすかったのでしょう？実をいうと、ちょっと前までは「緑」がクリックされやすい色でした。

　そして、こういった色に関する情報は、ユーザーの誤クリックを誘発させて荒稼ぎしようと考える業者がいち早く嗅ぎつけ、すぐに実装してしまいます。

　そうすると、騙されたユーザーが学習して「緑ボタンは気を付けろ」ということを、刷り込まれるようになります。こうして、「緑」のボタンが押される頻度は減っていきました。

　ですから「青」のボタンもそのうち、使われなくなるかもしれません。

　業界によって好まれる色の違いもあり、アパレル系などで単価の高い商品を販売されている場合は、「青」よりも「黒」のボタンの方がクリック率が上がる傾向にあります。

　このように、あなたのサイトに来るユーザーが、ふだんどのようなサイトやメディア、アプリに慣れ親しんでいるかによって、どの色のボタンがクリックされるやすいのかというのは大きく変わってきます。

　あなたのサイトに訪れているユーザーが、いつも Amazon にどっ

ぷり浸かっていて、「何でも買い物はAmazonで済ませます」というのであれば、Amazonのボタンと同じ色にするのがいいでしょう。

　もしYahoo!ショッピングの大ファンであれば、ボタンの色をYahoo!ショッピングで使われているものと同じにして、ずっと楽天ユーザーで楽天カードも多用しているユーザーであれば、楽天市場で使っているボタンの色に合わせたほうが、クリック率が上がるかもしれません。

● ベビーソープの紹介ページに設置されたボタンの色をテストした事例

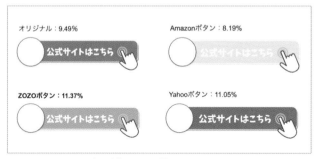

ZOZOTOWNのユーザーが多かったと思われる

　まずはあなたのサイトに来るユーザーがふだんよく見ているメディアやアプリ、雑誌、ショッピングサイトのリサーチから始めましょう。それらを参考にして、使うべきボタンの「色」を見極めるといいでしょう。

3 「受動的なコピー」を 使うほうがいい？

ユーザーにとって受動的な意味合いを持つコピーのほうが、クリック率が上がりやすくなる傾向があります。

受動的というのは、たとえば「無料レポートを受け取る」など、**ユーザーが自分から何かをしに行くより、その場で待っているだけで目的が達成できるような内容のコピーのことです。**

企業がレンタルオフィスを見つけるためのポータルサイトで行われたテスト事例をご紹介しましょう。

このサイトには、レンタルオフィスを検討している見込み顧客が閲覧できるように、数千件のオフィス情報が掲載されています。興味のあるオフィスを見つけたら、料金や条件などリースに関する詳細情報を取得するために、ボタンをクリックするわけです。このボタンの文面を「注文する」から「受け取る」に変えることで、成約率が大きく上がったことがありました。

問題は、「なぜそのような小さな改善がこれほどの影響を与えるのか？」ということです。

答えはメッセージの中にあります。「注文する」は何を受け取るかではなく、何をしなければならないかを強調します。一方、「受け取る」は、それを得るために何をしなければならないかではなく、何を受け取るかに重点を置いています。

このように、顧客に対して「製品やサービスをどのように感じ、どのような経験が得られるかを受動的に伝える」ボタンは、顧客がクリックしやすくなります。

4 その瞬間のお客様の脳内にある言葉を使おう

　「お客様の脳内の言葉を使う」というのは、一言でいえば**「自分たちの仲間内だけで通じる言葉を使わないようにしよう」**ということです。ちょっとイメージしづらいと思うので、ここではわかりやすい極端な事例をご紹介します。

　以下に掲載するのは商品の販売ページではなく、商品情報をまとめているサイトのページですが、ユーザーが「最安値での販売を開始してほしい」とリクエストできる機能がついていました。

　これは「ナビバリューリクエスト」という機能だったのですが、この名称について「販売リクエスト」と「値引きリクエスト」というパターンを合わせて、全部で3パターンのテストを行いました。

● 製品情報ページで「最安値の販売を開始してほしい」という場合

A:「ナビバリューリクエスト」
B:「販売リクエスト」
C:「値引きリクエスト」

　このなかで一番効果が高かったのはCで、ほかに比べてクリック率が93.9％向上しています。

　このように、全く知らないユーザーの立場から見ると、「『ナビバリューリクエスト』ってなんだろう？」と、押すべきか押さないべきかの判断が止まってしまうのですが、社内でプロジェクトの内部にいる人たちはふだんから「ナビバリューリクエスト」という言葉を当たり前のように使っているので、その言葉がユーザーに届くかどうかを見逃してしまいがちになります。ですが、「**あなたの常識はユーザーにとっては非常識**」なのです。

　とはいえ、仲間内で日常的に使っている言葉は、それ以外の世界の人々に響くわけではないという事実に気づくのは難しいかもしれません。　**こういう問題を発見するためには、社外の全く知らない方に実際に顧客体験してもらう**というのがいいでしょう。例えば新入社員や新しく契約した外注さん、パートさんに、実際に顧客と全く同じように購入体験をしてもらって、感想レポートを出してもらうようにお願いするのもいいかもしれません。

　ここで同じメディアの別のページを見てみましょう。

●「製品情報ページ」から「実際に販売しているショップ」に移動するボタン

　商品紹介のページから、この商品を販売している公式のページに行くというボタンです。

A:ショップで購入する

B:詳細

C:ショップへ

D:購入

　どのボタンがクリック率が高かったでしょうか？

　正解は、「C:ショップへ」でクリック率が46.5％向上しました。理

由は、「１．ボタンコピーでやってはいけない３つのNG原則」でご紹介したように、「B：詳細」は具体的な先のことが見えず、「A：ショップで購入する」や「D：購入」はまだ少しハードルが高かったのです。

したがって、**「C：ショップへ」という明快でユーザーがちょうどやりたかったことをそのまま書いたボタンコピーが一番クリックされたのではないか、と仮説を立てることができます。**

このように、ユーザーの頭の中にある言葉を常に意識して、分析していくことが重要です。

個人のセンスなどは関係なく、決まった手順で誰でもできることなので、ぜひ取り入れてページを構成していきましょう。

クーポンコードは
やっぱり効く!

5

　近年のAmazonの事例などを見ると、クーポンコードの導入が、オンラインショッピングにおける効果的な戦略のひとつと言えることが明らかになってきました。

● **Amazonのクーポンコード**

参考価格: ~~¥1,485~~ 詳細
価格: **¥955** 税込 (¥5 / ミリリットル) ✓prime
　　　お届け日時指定便
OFF: ¥530 (36%)
ポイント: 10pt (1%) 詳細はこちら

|クーポン:| ☐ ¥32 OFFクーポンの適用　規約|

Amazon Mastercardに新規ご入会で**6,000ポイント** (年会費無料)

プロモーション情報 (2 件):

Amazon.co.jpの商品まとめ買い対象… 　＞

　消費者が商品の購入をためらっている際や、カートに商品を追加していても購入を完了していない場合、クーポンコードを提示することで、その刺激が決定的な要因となり、購入を促進できるようになります。

　Amazonは数多くのプロモーションやディスカウントキャンペーンを展開しており、その中でもクーポンコードは特に注目されています。**これは、クーポンコードが消費者に具体的な価値をもたらすとともに、限定的な利用期間や条件を設けることで、短期間に集中的な購入を促す効果が期待できるからです。**

　さらに、クーポンコードを利用することで、消費者の購入意欲を引き出すだけでなく、ブランドのロイヤリティを高めたり、再購入を促すための手段としても活用されることも増えるようになります。これにより、単なる一時的な売上向上だけでなく、長期的な顧客関係の構築にも役立っています。

　ただし、クーポンコードを使うなら、「誰でもすぐに使えるようにする」のがポイントです。なぜかというと、クーポンコードを記入する欄を見たユーザーは、埋めないと損をした気分になり、ブログやメールでクーポンコードが公開されていないか探しに行ってしまうのです。そうなると、もうユーザーは戻ってきません。

　Amazonは、チェックボックスをクリックするだけで、クーポン適用されるようになっています。私たちはそこまでしなくても、以前のAmazonのようにクーポンコードの入力欄のすぐ上に、クーポンコードを表示するだけでも大丈夫です。

ユーザーはいつだって
リスクゼロを望んでいる

　ユーザーがクリックしやすいボタンについて、これまでいくつもの法則や事例をお見せしてきましたが、一番重要なことは「**ユーザーのリスクをなくしてあげる**」ということです。

　少し事例を見ていきましょう。こちらは、Googleの検索エンジン上でホテルを予約できる機能のところで出てきたボタンコピーです。

● **Google のホテル予約ページのボタンコピー**

「Book a room」部屋を予約する

「check availability」空室状況を確認する

　「Book a room（部屋を予約する）」という文面を、「Check availability（空室状況を確認する）」というコピーに変えました。結果はなんと、成約率が17％アップしました。

　単に「部屋を予約する」では「旅行のスケジュールが確定していない」「空いていなかったら、そのことがすぐにわかるだろうか？　今あまり時間がないんだけど……」というユーザーの不安に応えることはできませんが、「空室状況を確認にする」とすれば「旅行の計画

を進めて大丈夫かどうかわかる」「予約確定でお金を払ったり、キャンセルしてペナルティを受けるようなリスクはまだない」という安心感を与えてくれるわけです（「プランや部屋も選んでいないのに予約なんて怖くてできない！」と考えているユーザーが多かったのかもしれません）。

あなたのWebページで、まずは下記のものがないか探してみましょう

> **まとめ　ボタンコピーの改善点**
>
> ☑ 「ダウンロード」「送信」「確認」などの、Webサイト上で起きる現象を表現しただけのNGワードを使っていないか？
> ☑ お客様がしたくもないことを、わざわざさせていないか？「詳しくはこちら」など、押したら何が起きるか明確になっていないボタンコピーはないか？
> ☑ 「今すぐ購入」のように、お客様にとってハードルの高い行動を強制するようなフレーズは入っていないか？

見つかったら次のことを踏まえて、2つの問いに対する答えを書き出してみてください。

・あなたのサイトを訪れているユーザーが、そのボタンをクリックする動
機は何なのか?
・そのボタンをクリックすると何が得られるのか?　あるいは、何を得たく
てクリックしているのか?

　書き出した答えが、ボタンに表記するマイクロコピーの候補にな
ります。

第 **4** 章

―――

ユーザーが
共感&安心して
申し込みたくなる
「最強の一言」

ユーザーに行動してもらうために重要なのは、ユーザーの
気持ちや心の動きを先回りして、彼らが具体的なアクショ
ンに動く際の不安な気持ちを取り除き、スムーズに申し込
みなどができるようにしてあげることです。「クリックト
リガー」と呼ばれる魔法のフレーズのつくり方を中心に、
この章ではユーザーの共感を得る「最強の一言」の生み出
し方を学びましょう。

1 ユーザーの不安を解消しなければ、いくら魅力を伝えても行動しない

　どれだけお得感や限定感をプッシュしても、ユーザーが内心抱えている不安を解消しない限り、申し込みや購入はしてくれません。「今すぐ！」「期間限定！」のようにユーザーを煽るよりも前に、不安に寄り添い、先回りして解決して上げることが必要なのです。

　この「ユーザーの不安を先回りして解決する」魔法のフレーズをクリックトリガーと呼びます。

　クリックトリガーは、申し込みボタンの下に付いているマイクロコピーで、その名の通り、「クリックの引き金」となるものです。ボタンやリンクをクリックしようかどうしようと悩むユーザーの気持ちを後押ししてくれるマイクロコピーだと考えてください（ちなみにクリックトリガーとは、マーケッターのジョアナ・ウィーブが提唱した定義です）。

　ずっとユーザーに支持され続けるビジネスというのは、徹底して「顧客ファースト」の設計がなされています。その原点にして出発点となるのがクリックトリガーと言えるでしょう。

　ボタンをクリックしようという瞬間に少しでも懸念を感じると、ユーザーは「クリックしないで判断を先送りする」という、最も安全で簡単な選択肢を選びます。つまり、離脱です。

　なので、ユーザーに行動してもらうには、あらかじめ先回りしてユーザーにとってのリスクを取り除いておかなければいけません。

　それでは、クリックトリガーの具体的な事例と活用術を見ていきましょう。

▼ ❶「いつでも取り消せる」という安心感

例えば以下の、「E-mailマーケティングガイド」のダウンロードページ。ここにメールアドレスなどの情報を入力してボタンをクリックすると、特典のPDFファイルが無料でもらえて、定期的にメールマガジンが届くという内容です。

● Eメールマーケティング会社 Delivra の登録ボタン下のマイクロコピー

「100% privacy guaranteed Unsubscribed at any time」

このようなボタンの下に「いつでも購読解除できます」と加えてみると、成約率が33％アップしました。「クリックしたらずっとメールマガジンが送られてくるのでは」というユーザーの不安をあらかじめ取り除いてあげたことが、成約率の向上につながったのでしょう。

これは、メルマガを発行されているみなさんが使えるクリックトリガーです。まだ実践していなかったら、**「いつでも簡単にワンクリックで解除できます」**というマイクロコピーを、ぜひ入れてみてください。それだけで成約率は上がるでしょう。

そして、実際のメルマガも簡単に購読解除できるように、リンク

はメールのフッターなどのわかりやすいところに入れて、解除を簡単にできるようにしておいてあげましょう。

「そんなことをしたら、解除率が上ってしまうのでは？」と心配になるかもしれませんが、たとえリンクを隠したところで、ユーザーは解除したいと思ったら、解除するものです。

よく見かける悪い例は、「解除はこちら」をクリックするとログイン画面が出てきたりするパターン。ほかにもいくつものサイトのIDやパスワードを持っているユーザーの立場からしてみれば、いちいち個別のログインIDやパスワードを覚えていないケースが多いので、困ってしまうわけです。そして、困ったらどうするかというと「迷惑メールフォルダ」に入れてしまうわけで、こうなるとさらにメルマガを読んでもらえなくなってしまいます。

また、**「解除できない」という悪い印象を持たれるよりは、「解除も簡単にできて便利だ」というように良い印象を持ってもらえたほうが、再購読をしてもらえる可能性が上がります。**解除リンクは隠すよりも、解除したいと思っている人には素直に解除させてあげたほうが、結果的には成約率のアップにつながるのです。

サブスク形式のサービスでも、同じことが言えます。解約は簡単にできるようにしてあげましょう。その方が利益が上がります。

▼ ❷100％保証できていることをアピールしよう

お客様に対して100％保証できるようなサービスがあるならぜひ、クリックトリガーで堂々とはっきり宣言して、アピールしてく

ださい。

　たとえば、「送料無料」のように、もともと無料で提供していることがあれば、控えめにせず、顧客にわかる場所に表示するようにしましょう。

　Rocket Internet によって 2012 年に設立され、アジアで最も急速に成長しているオンラインファッション小売業者であるZalora は、もともと送料無料でしたし、商品ページにもその旨を記載していました。以下は、Zaolora の改善前と改善後の商品ページです。

● Zaolora の商品ページ（改善前）

● Zaolora の商品ページ（改善後）

無料（Free）という言葉を、右側から左側へ（つまり、一番読まれるところに）移動させただけで、売上が12.3％アップしました。要するに、販売側がアピールしたつもりであっても、ユーザーにはそれは伝わっていなかった、ということです。

　「保証できることは明言する」「ユーザーにとって必要な情報は前に持ってくる」という原則がわかりますね。

　「無料」というマジックワードは売上が上がりやすいので、もしあなたのサービスで「送料無料」とか「返品保証」というワードを打ち出せるのであったら、ぜひボタンのクリックトリガーでアピールしていただきたいと思います。

　なぜかというと、コンバージョンボタンの付近はユーザーが必ず見る場所だからです。

　特に気になった商品を購入をしようとしているユーザーは、そのボタンを押そうか押さないか迷っている状態が数秒あるはずなので、その間にボタン周辺に目が行きます。

　Webページの上のほうで説明していても、見てないか忘れているかのどちらかです。

　ですから、申し込みのボタンのところには改めて「無料」と書いてあげましょう。 すぐに売上が変わってきます。

　次は、とあるアフィリエイトサイトの事例です。

　アフィリエイターのみなさんは検索エンジンで上位に来るためのSEO対策を懸命にやっている方が多いようです。確かにSEOは重要

なのですが、そもそも検索エンジンは終始一貫して、ユーザーに最も役に立つコンテンツを上位に表示させたいと思っているわけですから、SEO対策に時間をかけるのと同じように、ユーザーに支持される＝クリック率を上げることを第一に考えることが、非常に重要な要素だと思います。

　以下のものは証券口座開設のアフィリエイトサイトで、「口座開設はこちらから」というテキストリンクをクリックすると証券会社のページに移動するのですが、これをクリックさせやすくするために、この下に、とある一文を付け足しました。

● 証券口座開設のアフィリエイトサイトの表示

口座開設はこちらから
※無料ですぐに開設できます

　「無料ですぐに開設できます」この一文を入れるだけで、クリック率が1.5倍になりました。

▼ ❸「いつの間にか課金されることはありません」

　クリックしたくない理由をあらかじめ潰すのが、クリックトリガーの役割です。

　次ページの図をご覧ください。

● PayPal 支払いに関するコピー

PayPal®

Transactions are handled through
paypal but you don't need a paypal
account to buy this book. Any credit or
debit card will do! (If at any stage in the
ordering process you encounter a
problem please contact us)

　「You don't need a PayPal account（PayPalアカウントがなく
ても始められますよ）」と書いてありますね。

　面倒なことはいらない、「○○不要」とか「○○はいりません」と
いったような単語は、クリック率を上げます。

　「vwo.com」というA/Bテストツールを提供している会社がありま
す。

　あなたがユーザーとしてA/Bテストのツールを探していたとしま
す。そしてvwo.comのサイトを見つけて、「これ無料だし、ちょっ
と使ってみようか」と思ってボタンをクリックするときに、「ちょっ
と待てよ……」と、何か不安に思うことがあるとしたら、それはど
んなものでしょう？

　「vwo.com」は、「クレジットカードの登録に不安を持っているユー
ザーは多いのではないか？」という仮説を立てて、**「クレジットカー
ドは必要ありません」**というクリックトリガーをつけました。

●「vwo.com」がつけたクリックトリガー

クレジットカードさえ登録しなければ、勝手に課金される心配もありません。ですから、この一言があるだけで、安心してサイトを利用できるようになるのです。

他にも、「登録なんかしたら、折り返しの営業電話が来るんじゃないか？」と恐れている人も多いのでは、という仮説を立てて、「営業電話はしません」といったクリックトリガーを入れたケースもあります

▼ ❹「バレないから大丈夫！」

「ペアーズ」というマッチングアプリをご存知でしょうか？　すでにかなりの市民権を得ているアプリで、有名企業でも福利厚生の一環として、ペアーズの有料プランが無料で提供されているらしいですね。

ですが、「ちょっと、マッチングアプリを使ってみたいな」と思って、ペアーズに登録しようとしたら、下のようなボタンが出てきたとします。

●「ペアーズ」(出会い・マッチングアプリ) のボタン

　このボタンから登録するときに「ちょっと待てよ……」と、何か不安に感じたりすることはありませんか?

　これは、いわゆるソーシャルログインという、SNSのアカウントを利用してログインする機能です。よく見かけるものだと思いますが、この場合だと「Facebookでログインして会員登録した瞬間に、『○○さんはペアーズの利用を開始しました』みたいな投稿が自動で送信されたりしないか」という不安が出てくるのではないかと思います。

　ですので、ペアーズのサイトではその不安を払拭しようとするために、「**Facebookには一切投稿されません**」という、クリックトリガーがついています。

さらにもうひとつ下に「**18歳未満の方や独身でない方のご登録いただけません**」と入っていますが、これもクリックトリガーです。

これは、「もし18歳未満の人とマッチングしちゃったら逮捕されるのでは」という不安や、「真剣な出会いの場を探してきてるのに、既婚者とマッチングして不倫関係になったらどうしよう」という心配に対して、安心感を与えているわけです。

なぜ、わざわざこういったクイックトリガーをつけるのかというと、基本的に人間にとって何かしらの行動に出るのはリスクを伴うものなのです。「**現状維持で何もしないのが最も望ましい**」と、心の奥底では思っているのですね。

大昔の人類の先祖たちが森に住んでた頃、住んでいる土地を離れて未開の地に行くことは大きなリスクがありました。ですから、今いる環境を変えずに未経験の新しい行動は控えておいたほうがいいと、本能で思っているわけです。つまり、私たちはなるべく今の環境を変えないようにすることを、あらかじめDNAにすり込まれているわけですね（これは「現状維持バイアス」と呼ばれています）。このおかげで、私たちは「行動しないほうがいい理由」をいっぱい見つけて言い訳を考える、「行動障壁」と呼ばれるものに囚われているのです。

クリックトリガーは、このような「行動障壁を下げる」という役割をもっているのです。

▼ ❺5つ星評価

他にもユーザーからの信頼性を上げて行動を後押しするために

も、5つ星評価を利用するといいでしょう。

　Amazonなどのおかげで、5つ星でレビュー評価を表現するというデザインは、非常にメジャーなものになってきました。

　「Amazonでは5つ星」のようなコピーを使ったり、お店のロゴなどにも5つ星をパッケージに印刷して、それだけで売上が上がった事例もあります。この5つ星を使って信頼性を獲得できます。

▼ ❻数字で見せる社会的証明

　星の数だけではなくて、そのサービスをどのくらいのユーザー数が使っているのかというのを数字で見せる、「社会的証明」という手段もあります。

　以下のものは瞑想のアプリの例です。

● 社会的証明を利用するSocial Proof❶

「本日11,024人もの人が瞑想しています」

　「こんなたくさんの人が瞑想しているから大丈夫ですよ、あなたも安心して試してください」というメッセージですね。

　次はクラウドストレージのアジェスター、Dropboxのポップアップメッセージです。

● 社会的証明を利用する Social Proof ❷

813307 Members · 23508 Conversations
· 5182 Online Right Now

「813,307名のメンバーがいて23,508もの会話が交わされていて、5,182人がオンラインです」

こういった数字を使った社会的証明を行うという、マイクロコピーの利用の方法があります。

ここでのキーポイントは、「11,024」とか「813,307」など、**数字を省略せず、丸めない**ということです。

1の位まで数字を丸めずに書けば、それだけで信頼性が上がります。これはマイクロコピーに限らず、本文のセールスコピーのところでも活用できる手法です。

みなさん、「3万人突破！」といった大雑把な数字をコピーに使いがちなのですが、逆に数字の大小に関係なく、細かい値まで明示してあげると、それだけで信頼性が上がります。

以下のものは、入力フォームの途中のボタンです。

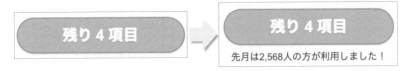

「先月は2568人の人が利用しました」

この社会的証明のマイクロコピーを入れて、成約率112%の改善

を果たしています。

▼ ❼プライバシーを尊重します

「プライバシーを尊重します」と書くだけで５％の改善を果たした
という実例もあります。ユーザーの信頼を高め、獲得率を向上させ
る効果があります。

「○○は不要です」「後で○○しません」など、クレジットカード情
報などの個人情報の提供を求める際に、「必須ではありません」「後
で何かをしない」という表現を用いることで、ユーザーに安心感を
与えて、情報提供のハードルを下げる効果があります。

▼ ❽取り返しがつく、イージーリターン

イージーリターンとは、「すぐ戻れますよ」というメッセージのこ
とです。先ほどのメルマガ購読の登録のところで説明した、「いつで
も解除できます」といったような一言です。

「後からキャンセルできます」「表示名は変えられます。あなた次
第です」「サイト名は後から変更できます」などもそうですね。
「アドレスは 後から変えられます」「いつでも変えられます」「後か
ら ○○できます」という、「無かったことにできる」「取り返しがつ
く」ことを伝えるクリックトリガーは、顧客の心のハードルを下げ
てくれるのです。

▼ ❾Amazonのボタン周りの情報量

ぜひ、参考にしていただきたいのは、Amazonの購入ボタン周り

の情報量です。

「在庫あり」などと表示されているのをよく見かけると思いますが、こうした在庫数に関する情報は重要な要素で、意外にこういった情報をボタン周りに入れていない会社も多いようです。

ですが、こうした情報が入っているだけで、クリック率や購入率は大きく変わってきます。

「○分以内に注文が終わると、○日までにお届けできます」という情報も重要ですし、**「残り○個です」**とか**「タイムセール」**といったことも参考になります。

「Amazon プライムレート」とか「カウントダウンタイマー」も、コンバージョンを上げる重要な要素です。場合によっては、3倍ぐらいコンバージョンレートが上がることもあります。

可能であれば、カウントダウンタイマーを入れてることも考えてみましょう。

▼ ⑩すぐに終わる、無料でできる、ローコスト

時間やお金、エネルギーがかかるものというのは、ユーザー側にとっては面倒で、手を出しにくいものです。ですから、いかにこうした手間が省かれているかを明示したほうが、より購入者の心理に寄りそった行動を促すことができます。

例えば、以下のサイトの情報。「1分もかからずに始められます」と書いてあります。つまり、時間をかけずに目的を果たせるということを訴えているわけです。

●「1分もかからずに始められます」

　ユーザーにとって時間や手間がかからないオプションは、コンバージョン率を向上させる効果があります。**例えば、「1分で始められること」や「2分で完了できること」を強調することで、登録や申し込みの数が増加します。**だいたい3分未満でできることを打ち出していけばいいでしょう。

　なぜかというとスマホ時代になって、人々の行動のスピードが速くなり、電車の移動中などでも簡単にネットショッピングするようになったからです。駅同士の間隔はだいたい最短で3分くらいなので、最近はこの「3分でアクションを終わらせる」といったものが増えてきているのです。昔は15分とか1時間かけてじっくり選ぶということもあったのですが、今はもうそんな余裕はありません。一旦離脱したら、もう忘れて、戻ってはきてくれないのです。

　スマートフォンの普及に伴い、短い時間で行動を完了できることがユーザーに支持される重要な決め手となっているのです。

　それから、「**無料**」という言葉はやはり強いようです。「**時間がかからない**」「**お金がかからない**」、この２つは今でも非常にクリック率を上げやすくする要素です。

　ですので、無理やりでも何かしらのプレゼントなどがあったり、値引きする際も「値引き」と書くよりも、「〇〇無料」と書くほうが、クリック率が高くなります。「送料無料」という情報を前面に打ち出してみてください。**これがローコストという考え方です。**

▼ 次に何があるかを見せる

　リンク先に何があるか、クリックする前にユーザーが理解できるようにすると、クリック率が上がります。

　販売や申し込みの獲得ですとボタンに記載することになりますが、コンテンツ記事やメールマガジン内のリンクでしたら、ブログカード風のデザインもおすすめです。

● ブログカード風のデザイン

クリック率が1.5倍になるブログカードの使い方

メルマガの中に挿入したリンクがなかなかクリックされなくて悩んでいませんか？この記事では、ブログカードを使うだけでクリック率を上げる具体的なやり方を解説します。ユーザーにもっと見てもらいたい！という方必見です。

続きを読む ≫

画像・タイトル・記事の冒頭が表記されているため、クリックしたら何が見られるのか、一目でわかります。

　ユーザーはこれまで散々「ちょっと試しにクリックしてみよう」と行動して騙され続けてきました。ですから今はもう、「何があるかわからないものには1秒でも割きたくない」のです。

2 ユーザーに共感され、喜んで押してもらうマイクロコピー

　ユーザーの不安を取り除いてあげたら、今度はユーザーの共感を呼ぶマイクロコピーの出番です。そのためには、ユーザーの立場になって信頼感を高める単語や表現を使用する必要があります。

▼ ❶何が起きるかではなく、何を成し遂げられるかどうか

　例えば、政治家が寄付金を募集するWebページでは、「寄付」よりも「貢献」という言葉が、寄付金の集まりを10％増加させたという実例があります。なぜでしょうか。考えてみるに、「寄付」はただお金を渡すだけというイメージがあるのに対して、「貢献」は自ら積極的に協力しているようなニュアンスがあるとように思われます。

　たとえば、「ノートを登録する」これを顧客のやりたい行動に置き換えてあげたら、どんな言い方になるでしょうか？　「ノートを公開する」「下書きを保存する」のような単語になるかと思います。

　大事なのは、顧客がしたいことを、より具体的な言葉にすることです。

　富裕層向けの旅行サイトでは、高額なラグジュアリー系旅行案件だと、「無料」という言葉よりも、「贅沢」と高級感を出してみたり、「最大70％オフ」のように具体的な数字を表してお得感を表現したほうが、登録率が良くなったという結果もあります。

　価格の高低にかかわらず、顧客が信用する言葉は、その時の自分の心理状態にあったものであるということなのですね。

　そのほかにも、ユーザーが信頼する情報源や属性に関連する単語

を使用することで、クリック率を向上させることができます。

　本の紹介をしているアフィリエイトブログでは、「学校の先生に評価の高い2冊」という単語を入れるだけで、クリック率が向上したということがあります。

● 「学校の先生に評価の高い2冊」

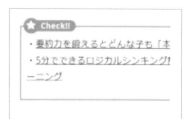

　つまりユーザーが信用している「学校の先生」という単語を入れている、それ自体が評価につながっているということです。

　リンクにしろ購入ボタンにしろバナーにしろ同様に、顧客が信用している、情報源にしている人たちのレビューのように書くと、もっと効果が上がります。ターゲットユーザーに合わせて変えていくことが重要です。

▼ ❷信頼を失う曖昧言葉

　マイクロコピーの使い方で気をつけてほしいことがあります。

　それは、「見える化」「営業力」「傾聴力」のような「○○力」「○○化」という曖昧な言葉を使わないようにしてほしいということです。

　なぜかというと、これらの言葉はその後に商品を売るための言葉

だからです。顧客にそれっぽく思わせるために使う、ユーザーを煙に巻く言葉なのですね。

　例えば私があなたに「マイクロコピー力が足りません」と言ったとすると、「"マイクロコピー力"って何ですか？」と訊きかえすと思います。

　「例えば文字を短くしたりといったことです」

　「では、具体的に数字で言うと何ですか？　コンバージョンレートを上げるといったことですか？」

　さらに「傾聴力ってどうやって上げたらいいんですか？」とか、「ヒアリング力ってどうやって上げたらいいんですか？」など、いろいろな質問が飛んできます。

　「○○力」という言い方を皆さんよく使いがちなのですが、この言い方の次には「○○力養成講座」のような商品があることがほとんどです。それを売り付けたいために、このような曖昧言葉を使っているのです。いわゆるマーケティング用語なのですね。「『見える化』ができてないです、どうしたらいいですか？」と言われた際に、「じゃあその『見える化』ツールを導入しましょう」という流れになるわけです。

　ですので、世の中に言われてる「○○化」とか「○○力」という言葉には気をつけて、特に、マイクロコピーの中では使わないようにしてください。　社内でもできる限り使わないほうがいいでしょう。数字の改善が進まなくなるからです。

　例えば数字を並べる際、「66％」がいいのか、「3分の2」がいいのか？「66％」と「3人中2人」、意味は同じですが、「3人中2人」のほうがわかりやすいでしょう。66％は数字としてもわかりづらいです。

　逆に80％を超えるとだいたいの人が頭で勝手に変換してくれるのでOKです。60％、70％だと伝わりづらいので、**60％ぐらいの時は「3人中2人」と言ってあげたほうが、顧客は購入しやすくなります。**

　他に数字を並べる時のテクニックとして、下の画面をご覧ください。

● 試算値で表示するテクニック

　金額を下1桁1円まで記載していますが、見た人の多くがこれが

リアルで本当の数字だと思うことでしょう。

　でも実際は、この右下に書いてあるように、試算値で計算して出した嘘の数字なのです。

　曖昧な言葉の真逆にあるものは、具体的な数字になります。数字は文字よりも簡単だし、誰もが理解できます。

　しかし、数字が多すぎると、今度は逆にわかりづらくなることがあります。桁が100万円、1000万円規模になるとスケールが大きすぎて、イメージしにくくなるのです。何十万件というよりは、1000を超えるとすごく多いといった感じになります。

　例えば無料で使える期間としてNetflixでは1ヶ月、Spotifyは60日間、というふうに数字の表現の仕方を変えています。

　数字を丸めない、ユーザーに計算させない。信頼される数字の使い方の原則です。

▼ ❹ポジティブにしていこう

　最後は当たり前のことですが、ポジティブなことをコピーにしていこうということです。**できないことをコピーにするより、できることコピーにしていこうという話です。**

● ポジティブなことをコピーにする

「世界の良いところを思い出すのはいいことだ」

「私たちもそう思う」

　こういう圧倒的に正しい言葉を同意させてから、「私たちもそう思うからメルマガ登録してほしい」というふうに誘導する手法です。

　これは「イエスセット」というテクニックで、「イエス、イエス、イエス」と言わせて、最後に登録させるというパターンです。

　逆にネガティブなコピーの例を挙げると、ヤフーブログの最初の作りたてのときのコピーで、「ファンはいません」と書いていたことがありました。ブログをこれから書こうと思ったときに、これは余計なお世話ですね。

　どちらかというと次の行動を促すようなことを書いたほうがいいのです。「ファンはいません」ではなくて、「ファンは現在ゼロ件です」というように、これからファンを増やしていくことを明示すべきなのです。

　このようにネガティブな要素の場合にはポジティブな行動に置き換えていくといいでしょう。

　あとは「削除したくないリソースは選択しないでください」というよりは「削除したいリソースを選択してください」、「リッチテキストファイルは アップロードできません」というのではなく「ワード

やPDFファイルを　アップロードできます」というように、「**できない**」注意書きよりも「**できること**」に絞り込んであげたほうが効果が高いです。

　「一文字でも間違えるとプレゼントを受け取れません」と書くよりも「未編集原稿の一部を今だけ読めます」と、できることを書いたほうが成約率が上がります。

　クレームを減らしたいと思うとついつい、できないことやってほしくないことを書いてしまうのですが、「これはやらないでください」と言うよりも「こうしてくださいね」と言うほうが人に伝わりやすいのです。親が子供に「やめなさい」と言うよりも「○○ちゃん、これやろうね、これやったほうが楽しいよ」と言うほうが、行動も変わっていきますよね。

　ネガティブな言葉をいうよりも、代わりになるポジティブな行動を指し示すということです。二重否定を使わないというところもポイントになっています。

どんな単語を、どこに配置すればいいのか?

いろいろなマイクロコピーをご紹介しましたが、あなたの次の疑問は「どんな単語を、どこに配置すればいいのか?」ということだと思います。大まかなルールを以下に示します。

- ●ボタンの上は、行動へのモチベーションを高める要素
- ●ボタンの中は、認知コストを下げる要素を入れる(押すと何が起きるかが伝わる、後戻りができる、取り返しがつく、なかったことにできる)
- ●ボタンの下は、顧客が抱く懸念を先回りして取り除く要素を入れる

これは、人間の視線の動きに基づいています。

ボタンの上を見ている時は、まだ行動するかどうか迷っている時です。**背中を押すためのメッセージを入れましょう。**

ボタンの中を見ている時は、そのボタンを押すと何が起きるのか?ということを理解しようとしています。**見直したり考えたりする必要がない、共感するマイクロコピーを入れましょう。**

ボタンの下を見ているということは、ボタンを押すことに対して、不安を抱いてためらっていると思われます。**その不安を読み取り、先回りして取り除くクリックトリガーを入れましょう。**

最後に、共感と信頼を獲得するマイクロコピーの作り方をまとめてみます。

システムメッセージや状態を動詞に

▼

小学生でもわかる多く使われている言葉に

▼

ユーザー欲求を具体的な動詞に

▼

ユーザー属性に関わる単語を

▼

曖昧言葉を数字に

▼

数字を丸めない、計算させない

この順に改善してみてください。きっとクリック率が上がると思います。

第 **5** 章

―――――

入力フォームを 改善すれば、 一気に差がつく

よりたくさんのユーザーに申し込みをしてもらうために
は、ボタンだけでなく入力フォームで必要事項や登録項目
を入力する際のストレスを極力低減してあげることが重
要です。どんなに派手なキャッチコピーで誘導しても、申
し込みや決済の直前で離脱されたら元の木阿弥。本章では
Web上での買い物や申し込み、問い合わせなどをスムーズ
にさせてくれる入力フォームの改善方法をお伝えします。

ゴールから
改善をする者が勝つ

　ランディングページを改善する際、たいていの方が上から改善していこうとします。キャッチコピーやトップ画像などに当たる部分のことです。**ですが、最も早く成果が出るのは、ゴールから改善していく方法です。入り口からやろうとすると罠にハマります。**

　例えばスマホアプリ業界で、以下のようないろいろなゲームのバナーアプリがあったとします。

● **いろいろなゲームのバナーアプリ**

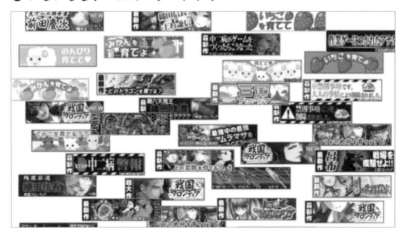

　このバナーのクリック率を改善していこうとすると、最終的にこれが全部ピンク色のバナーになってしまいます。戦争ゲームでも水着のお姉さんが出てくるようなバナーになるのです。

● クリック率を改善しようとした結果、ピンク系バナーに

　なぜこうなるのか？　要するにエッチな感じのバナーにすると、16歳ぐらいの若い男性がたくさんダウンロードするからです。しかし、これらの若い男性ユーザーは1日経つと、大半がいなくなってしまいます。

● 年齢性別分布（全ユーザー）

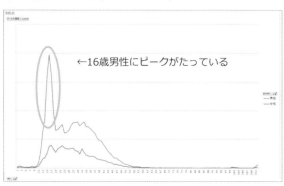

←16歳男性にピークがたっている

● 年齢性別分布 Lv5 以上（１日以上プレイ）

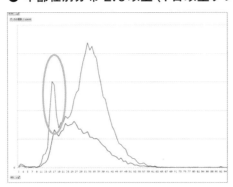

そして課金をする頃には、ほぼゼロになってしまうのです。
　目先のクリック率の高さだけで追いかけると、こういう不健全な
バナーだらけになってしまって、一時的なユーザーしか集まらなく
なります。

● 年齢性別分布　Lv13以上（一週間以上プレイ）

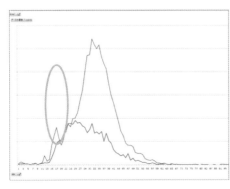

　どんな商品サービスも最終的にはユーザーにお金を払ってほしいわけです。ですので、お金払っている人はどこからどうやって来たのかを押えておくべきです。**つまりクリックではなく、実際に課金してくれるお客さんはどういうマーケティングによって流れてきたか、計測して改善していく必要があるのです。**

　以上の話から言えるのは、ゴールから順に改善していこう、ということ。**つまり、購入ボタンや入力フォームの改善から着手する、ということになります。**

　ECサイトでは、最終的な販売の窓口の部分になるのがカートです。ここで決済せずに、入力フォームの途中で離脱してしまうことを俗に「カート落ち」、もしくは「カゴ落ち」と言います。

　入力フォームは、ネット通販に限らず大抵の業種で必要になるものですが、その割に多くの方が、フォーム改善の重要性を知らないのではないでしょうか。

　「チャットボットで会話調にすれば、離脱も減って売上アップですよ！」「AIも使えますよ！」「LINEでもいけますよ！」などという話もありますが、フォーム改善の重要性と方法を知らなければ、チャットボットを入れたところで、問題解決などしません。残るのは売上アップではなく、導入費用と疲労感だけです。

　まずは入力フォームの重要性から話しましょう。

　一般的には、「ボタンを押す→入力フォームで記入→ボタンを押して完了」というのが、お客様の一連の行動ですよね。この、「ボタン

を押して入力フォームに移動したお客様」のうち、最終的には申し込みに至らず離脱するカゴ落ちの割合とは、どのくらいだと思いますか？

　答えは70.19%（Baymard Institute,2024）です。調査によって若干ばらつきがありますが、**およそ7割が離脱する、と認識しておけば間違いないでしょう**。金額で見ると、平均で売上の約2.0倍を機会損失しています（イー・エージェンシー,2022）。例えばあなたの月商が500万円であれば、約1000万円を毎月、取りこぼしているわけです。逆に捉えれば、「追加で集客しなくても、毎月1000万円売上を上乗せできる状態」ということですよね。

　離脱する方の中には、ウィッシュリスト代わりにカートを使う方やリサーチ段階の方もいるので、実際にはごっそり1000万円全額を取り返す、というわけにはいかないかもしれませんが、少なくとも、取りこぼしているお客様の2割くらいは、すぐにでも取り返せます。新規のアクセスを2割増やすよりは、簡単で安くて確実な方法です。

　何もECサイトに限った話ではありません。多くのサイトでは問い合わせフォームや申し込みフォームがありますよね？　それらも全く同じです。入力途中で、多くの離脱を招いています。**新規客の獲得に躍起になって広告をかける前に、入力フォームの改善をするだけで、簡単に売上を上げることができるのです。**

　それでは次から、入力フォームの改善方法を見ていきましょう。

2 入力フォームの最適化（EFO）

　入力フォームを、ユーザーが離脱しないように最適化していくことを、マーケティング用語では「Entry Form Optimize」＝「EFO」と呼んでいます。

　ここでは入力フォームの最適化で売上を上げるいろいろな方法をお見せしますが、共通して言える大原則は、「ユーザーを間違わせない」「ユーザーをイラッとさせない」ということです。ユーザーは、ほんの少しでも面倒と感じたり、迷ったり、責められたりすると心の中で舌打ちをします。そして舌打ちを何度もしたユーザーは、ページから離脱します（このような事象を、私たちはこれまで数多の事例を見てきた中で「1舌打ちにつき売上が10％減少する」という「舌打ちの法則」と呼んでいます）。

　では、舌打ちをなくしていくために、どのようなことができるのでしょうか？　以下に見ていきましょう。

▼【入力フォームの数を減らす】

　シンプルですが、とてもリターンが大きい方法です。入力フォームの数を減らしましょう。「項目は少なければ少ないほど、短ければ短いほど売り上げが上がる」ということです。

　例えば、次ページのような入力フォームがあるとします。

● 入力フォーム

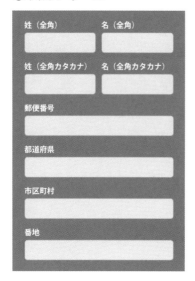

この場合は、フォームの数は8個と数えます。

これをまとめてしまうと、

こうなります。2つにまで減りました！　これだけで、入力して
もらう確率はグンと上がります。

では、フォームの数はどれほど減らせばいいのでしょうか？

マーケティングツールの販売会社Hubspotの調査によると、入力フォームの数と成約率の関係において、フォームの数は３つぐらいまで減らすと一番成約率が高い、という結果も出ています。

まず、入力フォームではアンケートの書き込み欄などは入れないほうがいいでしょう。 後から聞いて済むことは、ここで聞かないようにしてください。そして、

・氏名や住所の入力欄を分けない
・読み仮名などはなくす（大丈夫、名前を呼び間違えたってたいていの人は怒りません。入力フォームが面倒くさいほうが、ユーザーを怒らせているのです）
・どうしても無くせないなら、マルチステップフォームにして短く見せる

このようにしてみてください。

前述の北の達人コーポレーションは入力フォームの間隔を調整して、とにかく全体の縦の長さを短く見せようと努力しているそうですが、まさにこれは上記の原則に忠実に実践しているからでしょう。

とはいえ、物販サイトで最終的に正しいお届け先や名前をわかっていないとどうしようもないので、どうしても入れてほしいという情報に確実に入力してもらうためには、マイクロコピーを使った工夫が必要です。

▼【必須表示は項目名の前に書く】

　入力が必須な項目には「※」印をつけて、入力フォーム全体の隅の方に「※印は必須項目です」と表記しているケースが多いのですが、**マイクロコピー的には、項目名の直前に表記するのがおすすめです。**

● 必須項目は項目名の前に置く

1.※で表記
※印は必須項目です

※メールアドレス [　　　　　　　　]

2.※と凡例
※印は必須項目です

※メールアドレス [sample@yourdomain.com]

3.赤枠と凡例
※印は必須項目です

メールアドレス [sample@yourdomain.com]

4.必須

[必須] メールアドレス [　　　　　　　　]

　この図だと、「4」がおすすめです。なぜか？　他の表記方法では、ユーザーが必須項目であることを忘れてしまうからです。人間は短期記憶（瞬間的に見たことや聞いたことを、その情報を必要とする間だけ覚えておくような記憶）を15秒以内に90％忘却すると言われており、それはWebページを読んでいる際も例外ではありません。

　つまり、せっかく「※印は必須項目です」と伝えても、肝心の必須項目そのものに辿り着く頃には、「※印って何の意味だろう？」とい

う状態になっているわけです。

　しかし、意味不明な「※」印の意味を知るために入力フォームの周りを読み返すほど、ユーザーは暇ではありません。結果、入力をせずにボタンを押して、エラーメッセージが出てイラッとして離脱する……というオチになります。

　そもそも、「※」印や「＊」印のような注釈を示す記号は、それだけで離脱を招く可能性があります。私たちが運営するライティングマイクロコピー協会のWEBページでも、メルマガ登録ボタンのクリック率がどう変わるか、テストしてみました。

●「＊」マークあり

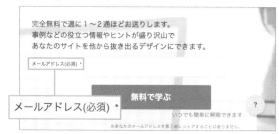

●「＊」マークなし

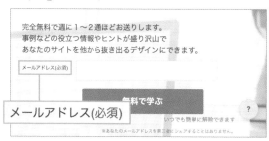

結果は、「＊」マークなしのほうが、クリック率が280％もアップしました。

　「＊」マークがあるせいで、ユーザーの疑問や不安を招いたからだと思われます。

▼【入力の手間を省く】
　オートコンプリートを使うのも、ユーザーの離脱を防ぐ良い手段です。**オートコンプリートとは、ユーザーがフォームや検索バーなどにテキストを入力する際に、予測または提案されるテキストを自動的に表示する機能のことを指します。**ユーザーが入力を開始すると、オートコンプリート機能は過去の入力履歴や利用可能なデータベース内の項目に基づいて予測を行い、自動的に入力をしてくれます。これにより、ユーザーはより迅速に続きを完了したり、目的の項目を見つけたりすることができます。また、入力ミスの修正の手間を減らす効果もあります。

　しつこいようですが、入力フォームの改善が有効なのはECに限りません。例えば、私たちの会社「オレコン」の人材採用サイトでは、応募時の入力項目は最小限にしています。名前とメールアドレス、そして職種選択のラジオボタンだけです。ありがちな採用サイトだと、最初から職歴や学歴を聞いたりしてしまうものですが、その辺りを全部削っています。まずテストを受けてもらって、それに受かって面接をする人だけに、職歴や学歴のエントリーシートを提出してもらっています。

　こうやって入口では項目をできる限り減らす工夫をすることで、

広告費をかけることなく、外部媒体やエージェント経由ではない、自社サイトからの応募数を増やしています。

　その結果、2021年は年間で11,775人の応募を獲得しています。

▼【最初に何でもかんでも聞かない】

　入力フォームに記入してもらうには、個人情報を聞かない、ということがとても大切です。

　できる限り個人情報や自分に関することは入力したくない、というユーザは一定数の割合で存在します。

　以下のものは、ページを離脱するユーザーが入力したくない要素の内訳です。

・生年月日:34%

・性別:12%

・電話番号:14%

　最初にお客様に根掘り葉掘り聞くことが、Webマーケティングの世界では当たり前のようになっていますが、私たちが普段何気なく聞いてしまっている情報は、ユーザーにとって非常にストレスを与えているわけです。普通に接客として考えると、異常ですよね。コンビニやスーパーのレジで、買い物しようとして「どこに住んでいるんですか？」「読み仮名は？」「電話番号は？」「性別は？」「年齢は？」「どこで知りました？」「また連絡してもいい？」なんて一気に聞かれたら、「えっ、ストーカー？」と思いますよね。

　Webサイトでも同じことなのです。

入力フォームで聞くことの大半は「私たちの勝手な都合で必要な情報」です。**この際、すっぱり聞かないようにしましょう。**

　どうしても必要なのであれば、「ユーザーにとってなぜ必要なのかの理由」を添えましょう。

●「なぜその情報が必要なのか」の理由を明記する

　上記の入力フォームでは、こちらの注文に関して「連絡が必要になった時のために電話番号が必要です」と、電話番号を書いてほしい理由を説明しています。

　生年月日を入れる場合も、何かあった場合に身元確認の情報が必要になる、そのことをきちんと伝えないといけません。顧客の立場になればわかりますが、生年月日を聞かれるのはなんとなく怖いわけです。

　上の画面は、女性向けファッションブランド「ビクトリアズシークレット」サイトの決済フォームのものです。

●「ビクトリアズシークレット」の決済フォーム

　下着の通販サイトなのですが、やはり住所などを入力したくない顧客がいるので、「なぜ個人情報を入力しないといけないのか」を説明したヘルプメニューがあります。「あなたの注文配送の確認や独占オファー、特別ニュースのために必要なのです」という理由を常に表示しています。

▼【モバイル向けの重要性】

　ランディングページなどを作る際は、モバイルユーザー向けにPCサイトとは表示を変えるようにしましょう。モバイル向けに表示を変えないと、サイトからの離脱率が50％以上になるという数字も出ています。つまり、お客様が半分以上出ていってしまうのです。

　ですので、モバイルユーザー向けにランディングページを最適化しましょう。

　デスクトップ（パソコン）向けにWebサイトを作ると、モバイル画面で見た時に、タイトルだけでページが埋まってしまうとか、画像が大きすぎてスペースを取られてしまうとか、入力フォームまでたどりつくのに時間がかかったりなど、よくあるトラブルです。**モバ**

イル向けページというのは、スクロールしなくても、最初の画面で、タイトル・オファー文章・ボタン、が全て表示されている状態がいいでしょう。一画面中に必ず画像、または動画が入るといいですね。最近は動画を使うケースが増えていますが、「ワンスクロール・1動画」「ワンスクロール・1画像」というくらいの頻度で入れるのがおすすめです。

　あとは、**フォームまで短く到達できるようにしておくと、離脱率を改善できます。**モバイルデバイスでは画面が限られているので、タイトルや主要なコンテンツが一画面に収まるように工夫する必要があります。モバイル向けのページは、通常、タイトル、要約、画像または動画を一画面に収めることを目指すといいでしょう。ユーザーが余計なスクロールをせずに、情報をすばやく閲覧できるように心がけます。

▼【自由記入フォームやドロップダウンを使わない】
　先ほど出てきたHubspot社の調査によると、

・**自由記入フォーム**
・**ドロップダウンメニュー**

の2つが、入力フォームの途中で離脱を招きやすい要因であることがわかりました。理由はどちらも「ユーザーの手間が増えるから」でしょう。
　ドロップダウンメニューは、選択肢を選ぶのに2クリック必要で

す。自由記入フォームは、記入が面倒とか言う以前に、内容を考えるのも一苦労です。

　ドロップダウンメニューはラジオボタンなどの1クリックで選べるものにしたり、自由記入フォームはなくしてしまうのがおすすめです。どうしても必要なのであれば、記入の仕方を丁寧に教えてあげましょう。

▼ 入力のハードルを下げる

　先に個人情報の入力ではなく希望の商品やオプションを選ぶなど、ユーザーにとってリスクがない情報の記入を進めさせて、「ここまでやったから、今さらキャンセルするのは勿体無い」という「サンクコストバイアス」を利用して記入完了させるテクニックもあります。フォームの順番を入れ替えるだけなので、すぐに試せますね。

▼ 注文したいだけなのに、会員登録を求められる

　オンラインショッピングサイトでは、特にカートに関連した問題が売上に悪影響を及ぼしているようです。

　では、ここで大手の通販サイトをサンプルにして、問題点を見つけていきましょう。検索機能などは問題ありません。検索結果もしっかりとサブカテゴリにまで表示され、季節ごとのセール情報も提供されています。商品を選ぶ際、モデルや商品を上下で選択できる便利なボタンもあります。

　しかし、このボタンを押して商品をカートに追加しようとすると、通常はカートやサイズの選択がされていない旨を示すポップアップが表示されます。

　これは一般的に、選択が不足している場合に警告を出すものなのですが、このカートに対する警告は少々イライラします。

● カートに対する警告がポップアップで表示される

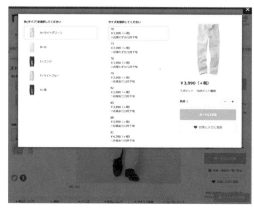

　さらに、カートに商品を追加した後の画面が混乱しがちです。

　たとえば、以下の画面のように男性のストレッチパンツを購入しようとしている場合、次の注文手続きボタンは存在しますが、バナー広告の方が大きく目立ってしまっています。

● 注文ボタンよりバナー広告が目立ってしまう

　また、カード情報を登録する段階で、多くのユーザーが離脱してしまいます。

　さらに、レコメンド機能もうまく機能しておらず、キッズやレディースのアイテムが表示されることはありますが、選んでいる商品に関連するレコメンドがほとんどありません。

　オンライン登録がまだのユーザーに対して、表示内容はほとんど変わっておらず、オンライン登録なしで購入できる選択肢がないため、非常に不便です。

ボタンのデザインや色が変わり、マイクロコピーも変更されましたが、お客様が望むアクションを示すことが不足しています。

最も困ったことは、以下のように商品を注文したい場合に、ログインや会員登録を求められる場合です。

● 注文の際にログインや会員登録を求められる

購入用にアカウント登録することや住所を前回の情報を使うためにログインすることは、できるだけ省略したい操作です。

ユーザーはできるだけ早く注文を完了したいと思っているのですが、このサイトではその選択肢がありません。商品を選んだあと、購入しようとすると6ページほどたらい回しにされるのですが、お支払いする瞬間まで、「購入」という文字がボタンに一切出てこないのです。

このようなちょっとした油断が、顧客の離脱を招いているのです。

▼ カートに怒られる

　実際のカートのデザインについて言うと、以下のファッションサイトのカートは改善の余地があるかもしれません。

●「ファッションブランドサイト」のカート画面

　一度ページを再読み込みして、購入ボタンを押してみます。

　このボタンのデザインも良くありませんね。ボタンがバナーにくっついているように見えて、ユーザーはあまり押したがりません。多くの人はここですぐに戻ることを考えるでしょう。

　四角いボタンは実際にはボタンと認識されにくいことが多く、クリックされることが少ないのが現状なのです。昔は「お選びください」という表記でユーザーを怒らせることもありました。また、お気に入り追加ボタンが右側にあるのもあまり良くありません。

　「カートに入れる」ボタンを押すと、ポップアップが表示されます。

● カートに入れるボタンを押すと、ポップアップが表示される

PCの場合、ポップアップは中央に表示されますが、スマートフォンでは下からポップアップが出てきて、いちいちOKボタンを押さなければなりません。カラーや、サイズの選び方も面倒で、非常に複雑なポップアップです。

そして、「注文する」というボタンが表示されますが、先ほどのカートに入れるボタンは真四角で下に密着しているのに対し、このボタンだけは余白があります。これはお客様を混乱させる可能性があります。ユーザーインターフェースが急に変わることは、顧客にとって不便だということです。こんなことで顧客を怒らせることは避けたいところです。

▼ 自社のスタッフですら買い方が分からない複雑なシステム

ある化粧品通販会社は年商が約40億円ほどありましたが、実際にはそのほとんどが店舗での売上で、昔ながらのカタログ注文が主流であり、ネット通販の利用率は低かったそうです。

調査してみると、社内のスタッフでさえもその通販サイトの使い方がわからないほど、非常に複雑なシステムを採用していました。この会社のWebサイトは使いづらさが目立ち、それが売上を大幅に

減少させていました。特に、電話番号を3つも入力し直させるようなフォームは、ユーザーにとっては地獄のような経験でしょう。

　また、名前や情報を入れようとするたびに、入力文字の形式が全角で指定されていて、自動で変更してくれないから、指定されたフォーマットに合わせて手動で変更しなければならないということもありました。これは非常に使いにくいです。それでは売上が下がるのも当然です。

▼ 登録の手間もステップもない、良いカート

　昔の優れたカートの例として、人気ファッション通販サイトのZOZOTOWNが挙げられます。

　ZOZOTOWNは以前、非常に優れたカートシステムを持っていました。商品をカートに入れると、支払い方法がすぐに表示され、メールアドレスだけで注文が可能だったのです。

　実際にどのように支払いが行われるかというと、メールアドレスだけで注文が進むと、その後に「ありがとう」と表示されるページに進みます。名前や住所も1行で入力でき、情報を入力する手間が非常に少ないのです。

　このシステムは非常にシンプルで、余計な情報が必要ありません。注文が完了した後に新規会員登録が提案され、新しい情報が入力されます。

　この非常にスマートにユーザーエクスペリエンス（UX）を向上させていた方法は2018年まで続いていました。

● ZOZOTOWN はメールアドレスだけで購入できる

ZOZOTOWNの業績推移を見ると、一時的には利益率が下がりましたが、売上は順調に上昇しています。

このようにカートや注文プロセスの使い勝手は非常に重要であり、これが顧客の離脱率や売上に大きな影響を及ぼすことがあります。 オンラインショッピングサイトはユーザーに対してシンプルで使いやすいカートシステムを提供することが不可欠というのを表していますね。また、カートが使いにくいサイトは、利益率の低下につながる可能性があるため、改善が必要です。成功するオンラインビジネスには、UXを最優先に考えることが重要だということです。

● 北の達人コーポレーションの非常に上手いカート

最初はこれだけ。そして「確認」というボタンを押しますが、お気づきになったでしょうか？ なんと、ログインするのにパスワードが不要なのです。これはすごいことだと思いませんか？

実はIDがメールアドレスで、パスワードが電話番号になっている のです。セキュリティの観点では少し弱いとも言えますが、そもそもパスワードを常にすぐ思い出せる人は少ないものです。だから電

話番号だけで呼び出せるようにしているのですね。非常に上手いアイデアと言えます。

▼とてもよく研究してる素晴らしいカート

　その他に研究する価値のあるオンラインショッピングサイトが「グレイル」です。グレイルは非常に洗練されたサイトで、スマートフォンで表示してみると特に優れているのがわかります。その特徴のひとつは、ボタンはもちろんですが、余白もきちんと設けられていることです。

●「グレイル」のカート画面

　注目すべき点は、「カートに入れる」というボタンの代わりに「色サイズを選ぶ」というボタンが表示されること。ユーザーはこのボタンをクリックすることで商品の詳細を選択でき、その後にカートに入るようになっています。これは非常に使いやすいですね。

　また、注文できない商品には、「予約する」というボタンが表示されています。このように非常に細部にわたって工夫がなされており、行き止まりにぶち当たることなく、スムーズに操作できるようになっています。

　カートに商品を追加すると、「カートに商品が入りました」のポップアップが表示され、先程のファッションサイトと比べても非常に使いやすいです。

　右側には次のステップに進むボタンがあり、左側には戻るボタンが配置されています。「買い物を続ける」そして今度は「カートを見る」、その次のページでは「レジへ進む」といった流れも素晴らしいです。

　こうやって、ユーザーはスムーズにショッピングを続けたり、カートを確認したりできるようになるのです。

　ひとつ改善点をあげるなら、ログインが必要な点。メールアドレスだけで簡単に入力できるようにすると、さらに使いやすくなるでしょう。

▼【最近の最も優れたフォームデザインはNetflix】

　最近の最も優れた入力フォームのデザインとしておすすめなのがNetflixです。

● Netflixの入力フォーム

これがすごいのは、メールアドレスを入力するウィンドウのなか
に「メールアドレス」という**項目名がずっと表示されている**という点
です。

　ウィンドウの中をワンクリックすると、「メールアドレス」という
項目名がカーソルの上に小さく表示されます。つまりフォームの項
目がずっと消えないままの状態で入力ができるように設計されてい
るのです。これは非常によくできているフォームだと言えます。

　従来は項目名が入力ウィンドウの外にあったほうがいいと言われ
ていたのですが、こういうフォーム設定が可能なのであれば、むし
ろウィンドウのなかにあったほうがいいのです。

　項目名を入力欄の外側に表記する場合、入力フォームが連続する
と、それぞれの間に書いてある項目名が、上の空欄を指しているの
か下の空欄を指しているのかがわからないという人も出てくるので
す。そうすると混乱してしまって、入力がうまくいかない。

　また、仮に同じように空欄の中に「メールアドレス」と項目名が書
いてあっても（プレースホルダーと言います）、入力しようとクリッ
クすると項目名が消えてしまうようなフォームもよく見られるので
すが、これだと入力するしている最中にちょっと何かに気を取られ

てからしまうと、「あれ？　ここの項目、何を入力するんだっけ」と
わからなくなってしまうケースもあるのです。

　ですので、項目名が消えるのはあまりよくない。かといって、項
目名がウィンドウの外にあると紛らわしく見えることもある。**した
がって、ウィンドウの中に入ったままで小さく表示されるというこ
の最新フォームにしておけば、入力率も上がることになります。**

▼ お年寄り向けはらくらく通販

　お年を召した方には、「らくらく通販」というサービスがあります。

　ここは「カート」などの横文字コピーを使わずに、「この商品を買
う」というストレートなコピーを使っています。さらにメニューア
イコンを使うようなところは「設定」と表記している。ユーザーに親
切ですよね。

　年齢や性別ごとに、反応する単語というのはまったく異なります。

　Webサイトを運営する側にとっては、プロの立場からネットで頻
出するコピーライティングに慣れ過ぎてしまっています。消費者の
立場にたったとしても、私たちは普段からネット通販を使いこなす
人間です。

　ですが、一般的なECサイトで買い物をする人たちは、Webのこ
となどまったくわからない、もっと取り残された人たちが半数以上
だと思ったほうがいいでしょう。ネットショップなど使ったことも
ない初心者だと思って設計してみてください。

　**少しでも売上をあげようと思ったら、初心者向けに作ったほうが、
市場規模が倍になると思うべきです。**

●「らくらく通販」のカート画面

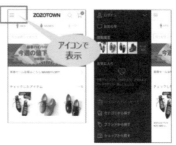

▼ カード決済をスムーズに

　イギリスの百貨店のサイトでもカード決済をするときに、マイクロコピーを使っています。

● イギリスの百貨店「House of Fraser」のカード決済画面

　カードの表に印刷された16桁のカードナンバーや、カードの裏に書いてある3桁のセキュリティーナンバー。これらはカード決済の際に必ず記入しなければいけないものですが、同時に書き込む際のユーザー側の大きな心のハードルになっています。

　そこにマイクロコピーが入っているのですが、「**チェックアウトプロセスは完全に暗号化されており、個人情報と財務情報の安全が保障されています**」と、丁寧に書かれています。

　そこまでしっかり書かないと、やはりユーザーにしてみれば不安でしょうがないのです。もともと、クレジット決済に関しては、よほどの安心感がないと実行できないユーザーが大半なのです。

　ですから「**完全に暗号化されていて、個人情報と財務情報の安全が保障されてます**」と、やや厳粛な言葉で丁寧に説明すると、信頼感も芽生えて決済へのハードルが下がって、購入ボタンを押してくれるようになります。

　これはもう本当に、ネットショッピング初心者向けのマイクロコピーです。ですが、ビジネスとして相手にするのは、こういう初心

者の方が大半以上なのだと思ってください。

▼ お客様の不安を解消

　以下のものは「Love & Honey」というイギリスのアダルトショップの事例です。

● イギリスのアダルトショップ「Love & Honey」の注意書き

```
✓ 100% secure online ordering
✓ Totally discreet packaging
✓ Your card statement will show a charge to 'LH Trading'
✓ 100% risk-free returns and refunds
```

　お客様はネットでの商品の購入にあたって、常に不満や不安を持っています。特にアダルト関連のオンラインショッピングでクレジットカードを使うことに関しては、通常のネットショッピングの数倍の警戒心を抱いているのです。ですので、「ラブ＆ハニー」で使われているマイクロコピーには、細心の注意を払われた言葉が使われています。

　最初の「100％安全なオンライン注文（100% secure online ordering）」、これは普通の言葉遣いです。

　2番目の「配慮した梱包をします（Totally discreet　packaging）」、これは"中身が何かわからないようにお送りします"というメッセージを送っています。仮にアダルト商品でないとしても、大の大人が

小さい女の子が買っているようなアニメのキャラクターのアイテムを買うなど、どうしてもショッピングの事実自体を人に知られたくないという状況は、多くの人が経験しているはずです。そのストレスを極限まで抑制してあげる言葉のチョイスが重要なのです。

　3番目の「カードの明細書には"LHトレーディングへの支払い"と表示されます（Your card statement will show a charge to 〜）」というのは、「ラブ＆ハニーへの支払い」と表示されるとアダルトサイトで購入したことがバレてしまうので、架空のショッピングサイトの名前を使っています。これは顧客の視点にならないとわからないところではあります。こういった細かい心づかいがなされている部分が結局、リピート率を増やし、「神対応」として顧客から絶賛されるわけです。

　ですから、私たち自身がライバルの商品やサービスを使っていて不平不満に感じるポイントを、日頃から書き溜めておいたほうがいいでしょう。

　具体的には次章で紹介する「エンパシーマップ」＝共感マップを活用してもらえたらベターです。このマップに自分が感じた問題点を書きこむことで、どんなマイクロコピーを書けばいいのか、明確に見えてくることでしょう。カートのなかでユーザーが感じる不満を理解しておくことが、とても重要なのです。

▼【カートでの「送料無料」の表記は必須なのか】
　以下は、とある通販サイトのオーダーページです。

● 通販サイトのオーダーページ

　非常にすっきりして余計な文言を何も入れてないパターンと、「送料無料」「フリーシッピング」「返品無料」「後払い」「2日でお届け」「30日間返品OK」とアピールポイントてんこ盛りのパターン、2つを並べてみました。

　前者と後者、実際にはどちらのほうが売れるのか？　特にUSP（Unique Selling　Proposition＝自社の製品やサービスがもつ独自の強み）を、わざわざカートの中で書く必要があるのか、という勝負でもあります。

　結果的には、後者のほうが、商品がよく売れました。**やはりUSPは多く打ち出したほうが、お客様も食いついてきやすいのです**（仮に文言をたくさん付けても付けなくても変わらないときは、シンプルな「付けない」ほうを選んでください。作業時間も短くなりますし、お客様にとっては無駄な情報は少ないほうがいいのですから）。

　これからわかることは、**モバイルWebサイトにおいては、お客様は目に入ったコピーの文面はすぐに忘れてしまう**ということです。ですから、なるべく記憶に残りやすいコピーを、カートの周辺に常

に並べておくことが大切です。これだけで売上は9%は上がります。

　靴＆ファッションショッピングサイト「ロモンド」では、「あと○点買えば送料無料」というマイクロコピーを使っています。これもとても参考になります。ある程度以上の高値の値段の商品には、そもそも最初から「送料無料」という表示にしています。安い商品に関しては「合計○千円以上のお買い上げで送料無料」という表記にしています。これらは自動計算で表示できるようにしていて、非常によくできたシステムだと言えます。

▼ リスクを減らしたい

　以下の画面は、寄付をするための決済サービスです。

● 寄付の決済サービス画面

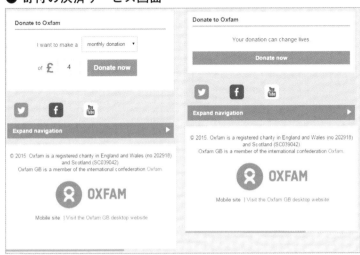

注目すべきは、マイクロコピーの項目数の違いです。左側は「私は毎月4ポンドを寄付します」というボタン、右側は「あなたの寄付が人生を変えます」というボタン。さて、どちらのほうが より多くの寄付金を集めることができたのでしょうか?

　結果は左側です。なぜかというと、**顧客は基本的にリスクを極力減らしたいので、なかなか決断ができないのです。**

　「寄付をする」と言っても、寄付金の最低単価が高かったら苦しいし、相場もわからない。自分で適正な金額が決められないから、おっくうになってボタンを押せないという気持ちがあるのです。左側の場合、先に月ごとにかかるコストがわかっているし、自分でいくら寄付するか金額を考えなくて済むので、安心してボタンが押せるのです。人間、行動を起こす際にはなるべくリスクを最小にしようとするし、選択肢が複数あると「選ぶのがめんどくさい」と感じるのです。この点はぜひチェックしておいてください。

▼ カートの途中で抜けられても、後で戻す

　ZOZOTOWNや北の達人コーポレーションの購入体験では最初の入り口のハードルが非常に低く設定されていて素晴らしいという話を先ほど述べましたが、以下のように最初にメールアドレスの連絡先をこちらで押さえてしまうと、カートの途中で抜けられる=カゴ落ちされる寸前になっても、「配送先の入力はお済みでしょうか」というメールを送ることで、追撃することができます。

● メールで追いかけて「カゴ落ち」を防止

配送先のご入力はお済みでしょうか？

ZOZOTOWN order@contact.zozo.jp irmxv12.se
To yamamoto

このメッセージを次のように分類: 購入 ⌄

————————————————————————

【ZOZOTOWN】配送先のご入力はお済みでしょ

この度は、ZOZOTOWNをご利用いただき誠にあ

サイト上のページより配送先などの情報をご入力
以下のURLよりお届けに必要な情報を入力し、こ

※1時間以内に入力が完了しない場合、自動的に

※すでに配送先をご入力いただき
ご注文番号発行画面まで進んだお客様は、情報〔
ご注文は完了しておりますので、件名が「ご注文

カゴ落ち率というのはECサイト全体の7割、ということは先ほど述べましたが、**いったん離脱した人たちに「まだ終わっていませんよ」とか「このままにしておいて、大丈夫ですか」といった内容のメールを送ることで、4割ぐらいのお客さまを引き戻すことができます**。7割カゴ落ちからの4割帰還ということで、最終的にはカゴ落ちの割合は3割で済みます。

これを実践していない企業では7割抜けてもそのままなので、当然販管費は下がらず、利益率も上がらないままです。ですが、仮に最初のお客さん3割でも、最初の売上＋戻ってくる顧客数もしっかり戻すという打ち手ができる企業では、当初考えていたより倍の数のお客様を獲得できることになるのです。

メールを送る際にも件名を明快なものにしておくことで、お客さんをフォローアップすることができます。**結局はこのフォローアッ**

プのメールが大事なのです。購入しようとしていた内容を忘れられ
ることを防ぐリマインド機能というのは、実はとても重要な要素な
のです。これらは、JRなどの乗車券購入サイトなどでも導入されて
いるシステムです。

　こうしたメール追撃は、昔はAmazonでも実践していました。赤
ちゃんのおむつなどを買うと、おむつと一緒にハチミツを買った際
に注意書きのメールなどが送られてきたのです。しかし、そこまで
顧客のケアを行き届かせていたつもりでも、逆に「顧客のデータを
全部見てるんじゃないか」とか、「個人情報の利用の仕方が気持ち悪
い」ということで停止になったということもあります。

▼「思い出して」というフォローメールにプラスアルファ
　一度カゴ落ちしたユーザーにメールを送って、「まだ買い物の途中
ですよ」と思いだしてもらうリマインダー。これらに「10%節約して
ください」「今ならさらに10%オフ期間です」というメッセージをつ
けてみましょう。さらに購入率を上げることができます。

● カゴ落ちしたユーザーにメール

カゴ落ちユーザへメール

Reminder: Items Saved in Your Cart - Shop Now for an Extra 10% Off
思い出して：カートに商品が入ったままです―今ならさらに10%OFF期間です

Come Back and Save an Extra 10%
戻って、そして10%節約してください

　一度カートに入った商品ですが、メールの件名を「カートに商品が入ったままです。今ならさらに10%オフの期間です」とするのがいいのか、「戻って、そして10%節約してください」とするのがいいのか、どちらのメールの件名の方が顧客を取り戻したと思いますか？

　この場合、メールが開封される確率は、「10%節約してください」のほうが高かったのです。つまり、件名は短いほうがいいということです。

　しかし、短い件名の方が開封されたとしても、最終購入完了まで行った確率はどちらが高かったかというと、「今ならさらに10%オフの期間です」のほうなのです。メールを開けてみたところ内容がよくなかったというわけではないですが、「10%節約をしてください」という文面と、「カートの決済を終わらせてください」というメッセージがやや、ずれていたからでしょう。

　これで明らかなことは、**「本当に顧客にしてほしい行動は、メール本文の内容に入れてあげたほうがいい」**といいうことです。

　「カートに戻ってほしい」とメールの件名で言うのではなく、「カートに商品が入ったままです」というシステム的なメッセージは、開封率は低いのですが、実際にカートに戻って注文される確率は、実はこちらのほうが上だったのです。

　購入を完了させることが、何よりも重要なのです。

　「10%節約をしてください」というコピーは、もしかすると「10%節約するのなら、別のものを買おうか」と、他の商品に行ってしまってる可能性があるのですね。

つまり、カート内に入ったままで止められている状況をリマインダーで更新させるというのは、もう半分以上購入されていると思っていい商品についての次なる行動なので、システムメッセージとして状況を細かく送るだけで決済完了率が上がっていくのです。

　このように決済完了まで行ってない顧客のフォローアップを、常に意識していきましょう。

>> フォローアップの具体例
・「昨日のビデオ見た？」「昨日の○○の件」
・続き物は、下手なオープニングより効果あり
・リマインド（迷っている人やメールを開封していない人に内容忘れを防ぐ）

▼ Netflixのフォームもいきなりメール

　Netflixのトップ画面については先ほどご紹介したように、いきなりメール入力から始まっています。メールアドレスを最初に取得して、途中での離脱を抑えられるようにしてます。

　一度ページから離れてもしっかりcookieで記憶して、登録までの途中のステップから始められるように作りこまれています。入力中で止めていた画面から続きを始められるようになっているので、非常にユーザーにとって親切なわけです。

　カートの理想型としては、最初にメールアドレスやLINEなど連絡先を獲得することが望ましいです。そのためのマイクロコピーも

常に改善する必要があります。よい参考事例として名前を挙げた
Netflixでは、ボタンやその周りのマイクロコピーも以前と比べると
大きな変化が加えられています。トレンドに応じてずっとテストを
繰り返しているので、今後も最適解はどんどん変わって行くことが
予想されます。

　いかがでしたか？　あなたのサイトや、顧客として普段利用され
ている入力フォームには、改善余地がたくさんあったと思います。
ぜひ今すぐに取り入れてみてください。

第 **6** 章

言葉のデザイン
～ユーザーが使っている
言葉を選ぶ～

ユーザーの共感を呼んであなたのファンにする「最強の一言」を作るには、徹底してユーザーが使っている言葉を選ぶようにすること。あなたの業界だけで流通しているような専門用語を多用するのは逆効果になります。この章ではいかにお客様目線の言葉遣いをくみ取ってコピーライティングに反映すればいいのか、その具体的なノウハウを解説していきます。

● 年配女性向けアミノ酸アプリ開発時の「共感マップ」

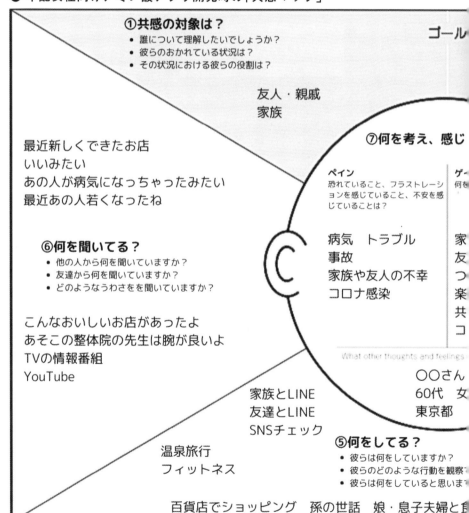

①共感の対象は？
- 誰について理解したいでしょうか？
- 彼らのおかれている状況は？
- その状況における彼らの役割は？

ゴール

友人・親戚
家族

⑦何を考え、感じ

ペイン
恐れていること、フラストレーションを感じていること、不安を感じていることは？

ゲー
何を

病気　トラブル
事故
家族や友人の不幸
コロナ感染

最近新しくできたお店
いいみたい
あの人が病気になっちゃったみたい
最近あの人若くなったね

⑥何を聞いてる？
- 他の人から何を聞いていますか？
- 友達から何を聞いていますか？
- どのようなうわさをを聞いていますか？

こんなおいしいお店があったよ
あそこの整体院の先生は腕が良いよ
TVの情報番組
YouTube

What other thoughts and feelings

○○さん
60代　女
東京都

家
友
つ
楽
共
コ

家族とLINE
友達とLINE
SNSチェック

温泉旅行
フィットネス

⑤何をしてる？
- 彼らは何をしていますか？
- 彼らのどのような行動を観察
- 彼らは何をしていると思いま

百貨店でショッピング　孫の世話　娘・息子夫婦と食

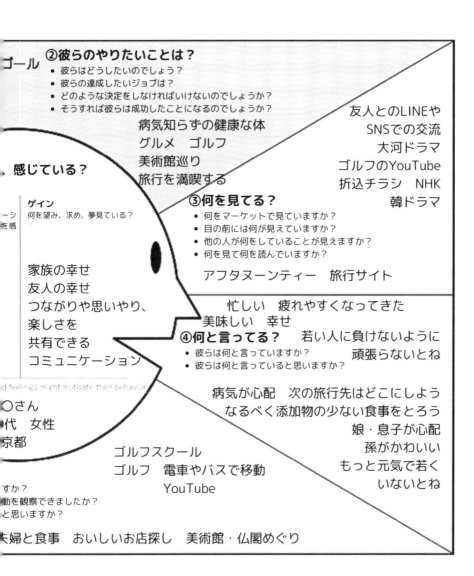

ゴール ②彼らのやりたいことは？
- 彼らはどうしたいのでしょう？
- 彼らの達成したいジョブは？
- どのような決定をしなければいけないのでしょうか？
- そうすれば彼らは成功したことになるのでしょうか？

病気知らずの健康な体
グルメ　ゴルフ
美術館巡り
旅行を満喫する

感じている？

ゲイン
何を望み、求め、夢見ている？

友人とのLINEや
SNSでの交流
大河ドラマ
ゴルフのYouTube
折込チラシ　NHK
韓ドラマ

③何を見てる？
- 何をマーケットで見ていますか？
- 目の前には何が見えていますか？
- 他の人が何をしていることが見えますか？
- 何を見て何を読んでいますか？

アフタヌーンティー　旅行サイト

家族の幸せ
友人の幸せ
つながりや思いやり、
楽しさを
共有できる
コミュニケーション

忙しい　疲れやすくなってきた
美味しい　幸せ

④何と言ってる？　　若い人に負けないように
- 彼らは何と言っていますか？　　　　頑張らないとね
- 彼らは何と言っていると思いますか？

○さん
代　女性
京都

病気が心配　次の旅行先はどこにしよう
なるべく添加物の少ない食事をとろう
娘・息子が心配
孫がかわいい
もっと元気で若く
いないとね

ゴルフスクール
ゴルフ　電車やバスで移動
YouTube

すか？
動を観察できましたか？
と思いますか？

夫婦と食事　おいしいお店探し　美術館・仏閣めぐり

1 共感マップを作り、ユーザーを理解する

　本章ではターゲットユーザーの状況や感情を理解する上で非常に有用なフレームワークである「共感マップ（Empathy Maps）」をベースにしたマイクロコピーのつくり方をご紹介します。

　そもそもなぜ、ユーザーの状況や感情に共感するといいのでしょうか。

　顧客体験（UX）の向上が、あなたのユーザーをファンにしたり、競合から乗り換えさせたりできることは、すでに述べました。逆に言えば、顧客体験が悪いと、あなたはせっかく苦労して獲得したユーザーを、利益を上げる前に逃してしまうわけです。

　加えて、マッキンゼーの調査によると、顧客体験（UX）の向上により、株主利益率が7〜10％増加することがわかっています。この顧客体験の向上を図るには、ユーザーに共感するのが一番近道で、確実で、効率が良いと考えています。

　そして、ユーザーへの共感を可視化して、チームで共有しやすくするツールが、共感マップなのです。

　共感マップを作ると、顧客体験の向上の他に、商品開発・改善やマーケティング施策の効率化もできるので、大変オススメです。

　実例を見ていきましょう。

　前ページに掲載したのは、年配の女性の方向けのアミノ酸サプリを開発した時の共感マップです。

　商品を企画するにあたって、まず「ターゲットユーザーはふだん何を見ているか」ということを調べることからはじめました。

　これがなぜ重要なのかというと、実際に商品の販売やサービスの開始をするにあたって、私たち中小企業が大手企業に勝ちに行くためにはどうすればいいかということを考える際に、共感マップを使うことで、コピーライティングだけではなく、パッケージデザインや広告バナー、商品ページのデザイン、マーケティング戦略もより効率よくスピーディに取り組み、勝算のある商品リリースができるようになるからです。

　さらに、共感マップを使うと、ライバルができていないところ、不得手としている点が見えてきます。

　例えば共感の対象になる存在。多くはここに友人や家族が含まれると思われますが、共感のターゲットには、例えば著名タレントなども含まれます。「好感を抱いているタレントさんが使っている商品だから私も使いたい」という人は多いはずですが、これも実は共感であり、憧れなのです。

　共感という言い方がわかりにくいとしたら、いわばゴールのことです。前ページの図の上部のグレーの「ゴール」ゾーン、ここにマーケティングで言うところのタレントさんであったり、憧れのゴール＝自分より先に自分の望みを達成している人が入ってくるのです。**ですので、共感マップのこの部分には、ぜひそのターゲットを書いてほしいのです。**

　そのターゲットにあたる人は誰なのか、ぜひあなたの顧客にも訊いてみてください。顧客がよくする目にメディアとか、いつもは誰を追いかけているのか、LINEニュースやYahoo!ニュースなどの

ニュースサイトでついつい見てしまうタレントは誰なのか、普段どのようなアプリを使っているか、などです。意外なところだと最近、アメリカではロックシンガーのジョン・ボン・ジョヴィが関節痛の痛み止めのCMに出たり、日本でも米米クラブの石井竜也さんがやはり年配層向けのサプリのCMに出たりしています。意表をつく人選ですが、こうしたCMに出演されているアーティストというのは、その商品を買う人たちの共感対象になりえているということなのです。この場合、キャリアの長いアーティストなので、その分ファンも中高年以上の年齢になっているのだろうということです。

　これは、ユーザーをより深く知れば知るほど、ライバルより一歩先に進んで勝てることを示す重要な要素です。ライバルが、人選のポイントがズレているタレントを使ってたら、プロモーションも上手くいくわけがないですよね。そこで、私たちがピッタリの共感対象を見つけていたら、こちらのほうが勝てるはずです。これだけで成長スピードと広告効率が大きく違ってくるのです。

　最終的に私たちの商品を買いたいと思わせるのがゴールになるのです。

　また、この共感マップの中でも特に「感情を揺さぶる」要素についても注目してみましょう。聞いているもの、見ているもの、どちらも含めて「痛み」という言葉を使うほうが成約率が高くなる傾向にあります。**これは「痛み」という言葉の強さが頭の中に残りやすいからなのです。**

　例えばニュースなどを見ていると、ポジティブで明るいニュース

より、ネガティブで嫌なニュースのほうが記憶に残ったりしないでしょうか。これは内容の良し悪しよりも、強烈な言葉が使われるほうが、受け手の頭に残りやすいということなのです。

　私たちにとって大切なポイントは、ユーザーの頭に張り付いているものは何なのかということを知ることです。そこがユーザーの気持ちにダイレクトにアクセスする入り口だと思ってください。

　つまりこの共感マップで見つけるのは、ユーザーの頭の中への入り口である、と見えるでしょう。。

　ふだんの日常でよく聞く言葉についても、例えば女性の場合、「結婚しないの？」とか「子供はつくらないの？」とか「彼氏はいるの？」とか、感情に圧力をかけてくるような物言いをされたことが誰でも少なからずあると思います。気持ちとしては言われて腹が立ちそうな言葉たちですが、そういう言葉が人を奮起させたり、動かしたりするのです。

　視覚的要素も脳の入り口ですから、ふだんから見慣れていて、信頼しているデザインが採用されていれば、そこからの情報が批判なくユーザーに受け入れられていきます。なので、デザインする際、は、ユーザーが多くの時間を割いているものに合わせていきましょう。色も、フォントも、ジャンプ率も、レイアウトもです。ユーザーがいつも見ているものを見つけて、徹底的に真似していけば、ユーザーに支持される顧客体験を提供できるようになるでしょう。

2 共感マップの埋め方・考え方

　私たちはいろいろな企業のプロデュースを手掛けていますが、この共感マップは本当に利用価値が高いので、みなさんが使っていただいて損がないものになっています。これをベースに周囲のスタッフや外注業者と話をしていくと、具体的にどういう説得をしていけばいいのかも明確になってくるはずです。

　デザイナーにしろライターにしろ商品設計の人にしろ、それぞれの立場のスタッフが間違ったユーザー理解をしていることがよくあるので、このマップを使って連携を取りながら設計していきます。

　「ライバルが憧れて使っているのがこのタレントだとしたら、私たちが使うべきはタイプの違うタレントだよね」「他社がこうくるのなら、我々はこういうタイミングでリリースしていこう」といった、「ユーザーとライバルがどうしているか？」という問題がここで明確になっていると、もっとモノやサービスが売れるようになってくるとでしょう。ユーザー理解とライバルリサーチはいわば、マーケティングそのものなので、売上アップのために絶対必要な要素です。

　毎回毎回、ユーザーリサーチしながら作業を進めるのは難しいですから、この共感マップに要素をまとめておくと理解も早いので、社員全員でこのマップを共有しておくと良いでしょう。全員がWeb上で修正できるようにしておくと、改善点や修正点の履歴なども一目瞭然で、非常に作業がスムーズになります。

　「こうしたリサーチは、ユーザーにインタビューするのですか？」という質問をよくいただきます。

　もちろん、実際にインタビューして生々しい言葉を書くほうがい

いでしょう。3〜4人でインタビューしてそれぞれ1人1枚ずつぐらい作った共感マップを合体させるのもいいかもしれません。私はよく、直接ユーザーに電話インタビューして聞いたりします。「ふだんの生活の際に何と言われてたんですか」といったことです。そうすると、「自分の恋人にバカにされた」とか「仕事で見返してやりたいと思った」とか「そんなので収入上がるの？と言われた」とか、そういうネガティブな言葉がずっと残っているのです。

　みなさんも嫌なことを言われて傷ついた経験がたくさんあると思います。人間の行動の契機になるのは、実はそんなことに対する反動であることが多いのです。**そういった顧客の不満や不平をどんどんインタビューしていくと、ユーザー自身もこれまで意識してこなかったためにわかっていないことに気づくこともあります。**

　インタビューがやりづらいというときは、例えば売れている本のランキングを見てみるといいでしょう。自己啓発系の本でどんなものがよく読まれているか、そのランキングを見て、自分の扱う商品やサービスがどこに該当するのかを考えてみるのです。

　コーチング関連の本が売れていれば、実際にコーチングを受けてみたい／やってみたいと考えている人が多いということです。ユーザーがそこに引っかかるかどうかは、本人たちに聞いてみないとわからないのですが、とっかかりもなしに自分の頭だけで考えても顧客理解に近づくのは困難ですので、売れている本の傾向などを見てあらかじめ当たりをつけておきます。

　あるいは、あなたや競合の商品についているユーザーレビューを見るのも有効です。

そのユーザーは、

・どのような不満を書いているのか
・どのような用途で購入したのか
・どのような点に満足しているのか
・他にどのような商品を買ってレビューをつけているか

という ことを確認しておきましょう。

　ユーザーが本当に意識している人というのは、彼らに悩みがあって、それを乗り越えるためのゴールのモデルになる人なのです。それが、彼らが無意識に憧れる対象なのです。人間は自分にとって必要だと思う人たちを、無意識に追いかけています。ですので、それをピックアップしていってください。

　自分の頭の中だけで考えるより、できるだけWebで探したり、インタビューの生の声を集めるようにしてください。Webはユーザーの頭の中でもきちんと言語化された内容が書かれていることが多いです。

　ChatGPTマーケティングでデータを集めてChatGPTに入力し、分析して作り上げたペルソナに質問するのもいいですが、できるだけ生のユーザーに直接聞くほうがおすすめです。顧客の中で一番売上に貢献してくれる方にインタビューしてください。最も高い商品を買ってくれた人、最後まで商品を買ってくれた人、継続して商品を

買ってくれた人に「2匹目のドジョウ」を見つけるつもりで質問してほしいのです。

　高額商品を買っている人などはすでにてファンになってくれている確率が高いので、そこからのインタビューを優先してください。

　ユーザーがひとつのブランドを初めて知るまで、3ステップあるとよく言われています。1つ目は「問題を売り込む」ということ。そこからその問題の解決のための「方法を売る」という2つ目のステップ。どちらも顧客への共感が欠かせません。商品を売るのはその後の段階です。

3 競合商品のユーザーに振り向いてもらおう

　あなたの顧客は、あなたの商品を買う前に「すでに競合商品を使っている」という方が大半です。

　つまり、あなたの顧客を増やすには、すでに競合商品を使っている方に振り向いてもらう必要があります。

　これまで、顧客理解についてお話をしてきましたが、次に「競合の理解」に進みましょう。

　「SEMRUSH」や「SimilarWeb」といったデジタルマーケティングツールを使うと、競合サイトのSEOや広告戦略とその現状の結果を調査できます。

　例えば、枕の新商品をリリースするとしましょう。そうなると競合のうちのひとつとして、革命的な睡眠効率をもたらす枕ブランドで有名な「ブレインスリープ」が挙げられます。ここがどこに広告を出しているか、どんなキーワードでアクセスを集めているか出してるか、SEMRUSHなどのツールで調べます。

　そして、ブレインスリープがどんなマーケティングをしているのか、「夢を見る理由」「眠気覚まし」「ストレートネック」など、どんなキーワードで体調不良について言及しているのかなどが判明し、検索順位の推移などもわかるわけです。

　すると、「枕」のようないわゆるビッグキーワードだけでなく、分析するまで想像もつかなかったようなキーワードでも1位を取れていることがわかります。ほかにもブレインスリープがほかのメディアにどんな記事を出しているのか、「ブレインスリープマガジン」といういうメディアを作っていて効率よく見込み顧客を集めて価値提

供をし、購入までの意欲を育てる取り組みをしていることも見てとれます。

このように、参入している（あるいはしようとしている）市場で、シェアをとっている順にTOP20社をSEMRUSHのようなツールで調べると、それぞれどのような施策を打っているのかがわかります。広告やSEOだけでなく、バックリンクや参照ドメインなども見ることができます。

このSEMURASHというツールはとても便利なので、ぜひ使ってみてください（有料ですが、無料の状態でもかなり使えます）。例えばどの企業がどんなタレントをプロモーションしたかということが非常に細かいキーワードのボリュームでわかってきたり、タレント名から検索したアクセスがあったりすると、いつ頃からプロモーションを始めたのかというところまで見えてきます。そうすると、ライバルがどこに広告を出しているかというところから逆算して、データを見ることができます。

見込み顧客が多くいる広告媒体は何か、費用対効果の高い施策は何かということなどが、自身で試行錯誤することなく分析することができます。

この項の冒頭でお伝えしたように、消費者があなたの商品をまだ使ってない状態のときは、使う前の何かしらの代わりの行動をしています。代替行動と呼ばれるものです。ライバル商品を使っている場合もこれに当たります。

ユーザーは何も買ってないゼロの状態から、新しく商品を買うわ

けではありません。**その代替行動をしていたり、別の商品を使ったりしているのです。**

そこから新たにみなさんの商品に乗り換えるわけです。

テレビCMを大々的に打つような新発売の大型商品を作っているのならともかく、それほどの大企業でもない限り、マスメディアに対して大きくメッセージを打ち出すような商品は作っていません。商品そのものはオリジナルかもしれませんが、それでもユーザーは必ず類似する商品で悩みを解決しようと試みているのです。

それでは、代替行動をとっているユーザーに振り向いてもらうためにはどうすればいいのでしょうか。

一番良いのは、他社商品や他の方法を採用しているユーザーに、私たちは「その商品や方法でいいのですか？」という問題を売り込むのです（これをよく、「不幸を売り込む」という言い方で表現したりします）。

例えばサウナに行ったり、整骨院に行ったりしても、体調がなかなか優れないという人がいるとします。少しは体が軽くなってるかもしれませんが、サウナや整骨院に通うのはお金がかかるし、かといってマッサージの人などを毎回呼べるわけでもない。こういう時に感じる"不幸"を、148ページに掲載した共感マップ真ん中左側の「ペイン」の箇所に書いてみてください。代替行動でごまかしていること、ちょっと出費も痛いし、そもそもこの程度のことでは改善できないほどの重い病気なのではとか、そういった不安にあたるものが、この「ペイン」になります。

一方で元気になりたいとか、モテたいとかいった前向きの気持ち

は、共感マップ真ん中右側の「ゲイン」のほうに書くようにしましょう。例えば、どんなタイミングで商品を使っているのか、お風呂を出てからのちょっとした時間なのか、朝に出かける前なのか、代替商品を使ったり代替行動をとっているときの時間や場所、シチュエーションを書いておくと、自分たちに何ができるかわかります。どの時間にどんな広告を打てばいいのか、どのタイミングでどんなメッセージを送ればいいのかといったことです。

　例えば「鏡の前の自分の顔を見てびっくりしたあなた」というワードを使うだけで、お客さんはドキッとしたりします。自分たちの広告や宣伝やメッセージが一番響くようなタイミングを見つけるようにしてください。

　中でも一番いいタイミングは何かというと、ライバル商品を使っているのだけどいい結果が出てないと実感している時などです。変化はあるけれど、何か物足りないと思っている時。それが共感マップの「何をしてる?」に当たる部分です。「何を聞いてる?」に書き込むのは、周りの人たちの言葉に押されて何かやらなきゃ、変わらなきゃと不安になっているような状態です。それはどんな言葉なのか?　どんなメディアから影響を受けているのか?どんなタレントに憧れているのか?　これがわかると、ユーザーの心情が丸裸で見えるようになるので、ここで彼らが言われて痛みを感じているような言葉をマイクロコピーに使うと、グッと惹きつけることができます。

　今どんな場所で、どんなタイミングで時間を持て余し、後悔しているのか?　そのタイミングに声をかけるのが一番効果が高いわけ

です。説得するときには相手に馴染みのある言葉を使って説得しましょう。第2章で分析しましたね。そういうときに相手がよく見ているメッセージやニュースを面で押さえておくと、ユーザーは信用するようになります。ニュースでも雑誌でもよく見かける状態が理想ではありますが、でもそれはコスト面でも無理があります。だからピンポイントで載せていく必要があるわけです。

　３カ所以上の媒体からユーザーが情報を得られると、それが真実だと思う傾向にあります。その３カ所とはどこから選べばいいのでしょうか？

　それは、共感マップで可視化した、顧客がよく見ている場所、競合が継続して広告をかけている（つまり費用対効果が高いと思われる）場所、が当たります。それを押さえにいくと、最終的に私たちの状況も変わるというところです。

　共感マップに戻りましょう。私たちは、ユーザーに"不幸"を売り込まないといけないので、既存商品やサービスの不満を「ペイン」に書き込みます。「ゲイン」に関しては自分の商品にしかできない利点、言い換えればあなたの商品を選ぶべき理由を書くというのがベストですね。他の選択肢をどんどん無くさせていくわけです。

　そして、ユーザーが商品を購入する前に、小さな行動を取らせることが重要です。

　例えば寝具を購入してほしいという前に、まずはお客さんが今使っている布団やベッドのサイズを測ってもらう。「お客様が実際に使っている布団やベッドの大きさを知ることが、実は大きなポイン

トなんです」といった説明をしながら、診断がてら自分のベッドを計測してみようという「小さな行動」をとるように促していくわけです。

　ものによっては、サンプルになる動画を見てもらうだけでもいいかもしれません。購入に至るまでの手前の手前の行動、これがとても大切で、商品を買う前の非常に小さな行動であれば、顧客にとってもハードルが低いため行動しやすくなります。逆らうよりもやった方が得、と言う小さい行動を積み重ねることで、最終的に私たちの商品を必要とするところまでもっていくことができます。

ユーザーの
使っている言葉を
使うことが大事

4

　ユーザーにとって普段馴染みのある言葉を使うと響きやすいという例に、数年前に大ヒットした「うんこかん字ドリル」という本があります。小さな子供にとって漢字ドリルは、とくに国語が苦手な子にとってはイヤなものかもしれませんが、子供が必ず反応する言葉、この場合は「うんこ」という、小さな子が聞いたら誰でも笑ってしまう単語を使って、漢字ドリルを作ったわけです。

　このドリルでは、全部の例文で「僕のうんこを取材しに来た」とか、「綺麗な花を集めてうんこに飾りをつけよう」とか、必ず「うんこ」という単語を使うようにしています。これだけで勉強が楽しく感じられるようになり、子供の学習スピードや学習量が変わったという結果が出てきました。

　これが当時のツイッターでも拡散されるようになり、その結果、Amazonの言語学関連の本のランキングが全部、「うんこドリル」関連で埋め尽くされたということがありました。

　ユーザーの使っている言葉を知ることが、どれだけ大事かということがわかります。ユーザーが反応する単語をリサーチすることはとても重要なことなのです。

<table>
<tr><td>5</td></tr>
</table>

Googleトレンドで
チェック

　マイクロコピーで重要なのは、ユーザーが使っている言葉を私たちも使うこと。**そのためには第2章で分析した顧客の言葉や、本章のエンパシーマップに記入した言葉を使いますが、他にも「ユーザーが使う言葉」の見つけ方があります。**

　たとえばファイル共有アプリとしてよく使われているDropboxはファイルの履歴を表す言葉に、「Previousversions」「ViewFileHistory」「VersionHistory」と、3つの表現を使い、そのなかでいちばん反応のよかった「VersionHistory」をマイクロコピーとして使っています。

　これは、世の中で最も使われている表現をチェックすると簡単に見つけられます。Googleトレンドでチェックすることで、どの言葉がより使われているかが判別できるようになっているのです。

● Dropboxはファイルの履歴を3つの表現にしていた

　ほかの例では、何かのサイトに登録する際にメールアドレスを書き込むと送られてくるメール、これを「認証メール」とするか「確認メール」とするかでも、大きく反応は異なります。この場合もGoogleトレンドでチェックすると、「確認メール」のほうが検索ボリュームが大きい、すなわちよりたくさん使われている言葉であることこと

がわかりました。

● ボタンマイクロコピー「認証メール」と「確認メール」のGoogle トレンドにおける差

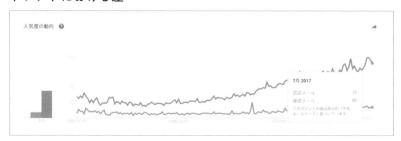

　ほかにも海外サイトのメニューだと、「製造メーカーが自社で直接調達した部品を一度買って、それを別の委託先に製造委託し、今度はそれを完成品として買う取引」を指す言葉に「Crashfinder」と「Buyandsell」という単語があるのですが、Googleトレンドで調べてみた結果、「Crashfinder」のほうが圧倒的に反応が大きかったようです。新聞でよく使われたりなど、その国の習慣では「Crashfinder」のほうが通りがよかったのです（「Buyandsell」もわかりやすい単語だったのですが、結局はユーザーがよく使う言葉のほうが正義なわけです。実際、「Crashfinder」を使ったほうがクリック率が改善しました）。

　ではここで、Googleトレンドを使って「サインイン」と「ログイン」というマイクロコピー、どちらがいいか比較してみましょう。
　2004年くらいに比較したときは「サインイン」のほうがメジャー

でしたが、今は「ログイン」のほうが圧倒的に多いことがわかります。

このように、「最適なマイクロコピー」は時代によっても変わってきます。常に最新のデータに当たるようにしましょう。

● Google トレンドで調べた「サインイン」と「ログイン」の差

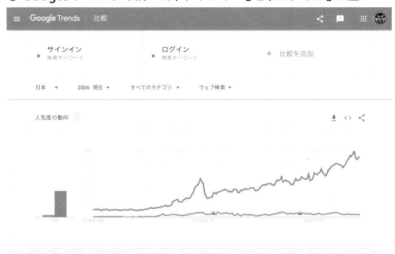

専門用語を
使わない

　顧客体験をより良くするために、すぐにできるのに見落とされがちなのが、「**専門用語を使わないようにする**」というテクニックです。

　何をもって「専門用語」とするかは立ち位置によって異なりますが、例えば自分のウェブサイトの名前や商品名などは、専門用語になります。ユーザーは知らないし、覚えていない言葉なのですから。

▼「失敗」システム的な表示

　ここでちょっと実験をしてみましょう。

　パスワード入力を間違えた際に、どういう表示のマイクロコピーを採用すればいいのかという、トライ＆エラーのサンプルです。

　まず最初は、「失敗　〜認証エラーが発生しました〜」というマイクロコピー。

●「失敗　〜認証エラーが発生しました〜」

> # 失敗
> ## 認証エラーが発生しました

　これだけだと説明不足でわかりにくいので、「認証エラー〜あなたの入力したパスワードに誤りがあります〜」という具体的な記述にしてみます。

●「認証エラー　～あなたの入力したパスワードに誤りがあります～」に変更

　さらに「認証エラー」という言葉が強すぎるので、「あなたの入力したパスワードに誤りがあります」と、状況説明のみの表現に変えてみます。システム的な表示を外してみるわけです。

●「あなたの入力したパスワードに誤りがあります」に変更

　さらにわかりやすく、単刀直入に「間違ったパスワードです」に変えてみましょう。

●「間違ったパスワードです」に変更

さらに「間違ったパスワードです」の下の「OK」ボタンをなくして、「パスワード忘れた？」という文言に変えます。**要するにユーザーが次の行動に移ることを促す言葉を使うわけです。**

● 「OK」ボタンを「パスワード忘れた？」に変更

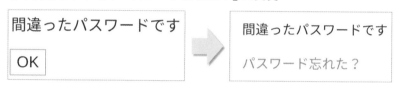

● 次の行動の言葉に入れ替えていく

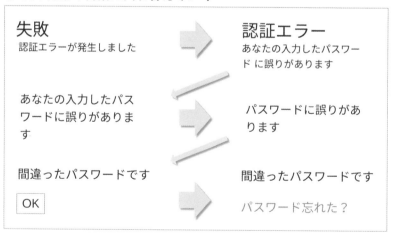

　いかがでしょう？　「失敗認証エラーが発生しました」という単なるシステムの状況説明の言葉から、「間違ったパスワードです＆パスワード忘れた？」という、よりユーザーの主観に沿った言い回しに

マイクロコピーが変化しました。これだけでもコンバージョン率は格段にアップするはずです。

● 「写真を消去する」をどう変えたらいいのか

今度はここで練習問題を出してみましょう。

「写真を消去する」というマイクロコピーがあります。これを改善するとしたら、どのように書き換えればいいでしょうか？

● 【練習問題】マイクロコピー「写真を消去する」

> ## 写真を消去する

まず、「消去」以外にも、類語辞典サイトなどで検索してみると、いろんな言葉に置き換えられますね。「削除」でもいいですし、少し強めの言葉だと「抹消」「焼却」などもあります。

ただし、「写真を消す」という用途に絞れば「削除」がいいかもしれないし、ユーザーの主観に沿った動詞にするという意味であれば、シンプルに「消す」のほうがいいかもしれません。システム的な表記で、もしかしたら「削除」の方が多いという場合もあるかもしれないですね。

いずれにせよ、「消去」と言い方はちょっと用途が少ない、ということが理解できるわけです。

ちなみに「におい」と書く場合、「匂い」とか「臭い」と漢字で書く方が検索で上位に来やすいと思われがちですが、ひらがなやカタカ

ナにもできますよね。正解はどちらがユーザーに伝わりやすいかで選んでほしいということです。

　ユーザーごとに実際に調べる単語が違うので、SEO対策で使うのであれば圧倒的に漢字で書いたほうがいいのですが、ただ視覚的な見やすさを打ち出したいというのであれば、ひらがなやカタカナで書いた方がいいでしょう。パッケージデザインなどでは、ひらがなやカタカナのほうがいい場合もあります。

　「ログアウト」というマイクロコピーだと、「ログオフ」「サインアウト」といったシステムに寄った言い回しより、「ログアウト」のままのほうがいいでしょう。「認証メール」と「確認メール」では、どちらがいいでしょうか？　具体的にユーザーの行動として理解しやすい「確認メール」がいいですね。

　このように、他の会社のマイクロコピーの文言がちょっと変だなと思ったときが、競合に勝てる改善点を発見するチャンスです。自社のサービスで同じ文言を使っていたら、どう改善するか？　改善案は、ここまでこの本を読んでくれたあなたでしたらすぐに出せると思います。デザイナーやシステム会社が改善を実施することに難色を示したら、「ちょっと試しに」「ちょっとテストで」とすぐに元に戻せることを強調しながら、具体的な事例を見せつつ、頼んでみてください。

7 ベイビーステップ

先ほど、顧客に商品を買わせようとする前に、ほんの小さな行動から取らせよう、という話をしました。つまり、ゴールまでをベイビーステップ（赤ちゃんの歩みのように少しずつ段階的に進むレベル）に切り分けるということです。

これは、顧客が商品を買い始めてからも同様です。例えば、大手のファーストフード店券売機のメニューは、ジャンルから絞り込んで選ばせるようになっています。もし、全メニューが並んでいるボタンから、食べたいメニューだけを探し出さなければいけないとしたら、それはさぞかしユーザーに大きな負担をかけることでしょう。UIというのは放っておくと、どんどん複雑になってユーザーにとって負担になります。

▼ ディズニーでは教えることを細分化＝手順書にしている

ディズニーランドでは、新しいキャストに仕事を教える際に、手順書というものを作ります。

例えばお客様からカメラを渡されて撮影してくださいと言われたときに、単に「そのまま撮ってあげましょう」と指導すれば済むだけなのに、「カメラを預かってください。預かるときは落とさないように両手で受け止めてください」→「構図を決めてください。構図を図るときはお客様の要望を聞いてください。思い出に残すためです」→「シャッターを押してください。押すときは笑顔を引き出すタイミングを測ってください」→「返却してください。返却するときは確実に相手が受け取るまで自分は手で持っておきましょう。落としてしまうと思い出が台無しだからです」などと、くどいくらいに事細

かに記した手順書をつくっているのです。

　このように手順を細かく分けることで、カメラサービスの質を誰でもできるように標準化することに成功してるわけです。ディズニーランドのスタッフはだいたい半年以内に一流のスタッフを育てないといけないので、急成長させるために非常に早い段階でスタッフに理解してもらって、具体的な行動に落とし込まないといけない。そのためには「カメラを受け取って撮影してくださいね」だけでは説明が不十分なのです。ですから、手順を分けて一個ずつ順番にこなしていくようなルートをつくるのです。あなたの顧客に対しても同じです。いきなり難しいことをさせようとしないでください。

▼ コピー機の例

　たとえば、私たちがユーザーにPDFファイルを印刷するようにお願いするとき、「用紙のサイズを余白を選択して印刷してください」というマイクロコピーを書くとします。

　これをディズニーランドの例にならって、手順を分割するとしたらどうなるでしょう？　ステップごとに分けてみましょう。

　「用紙のサイズを選択してください」→「余白を選択してください」→「印刷ボタンを押してください」とベイビーステップにしていく。手順に沿って行動させることで、ミスが起きにくくなり、顧客が諦めずにゴールに到達する率が上がります。

8 誰も文章を読まなくなってきた

商品説明を長文でドバッと書くよりも、箇条書きにするだけで成約率が20.5%アップしたという事例がありました。

人間は、情報量があまりに多すぎると脳が判断に迷い、結果として離脱率が上がって売上が低下するということがあります。言い換えれば、選択肢が多ければ多いほど、売上が下がるということです。これを「分析麻痺」と呼びます。

これを回避するために、まずは画面の中で表示させるボタンは1個に絞った方が良いでしょう。良かれと思って複数の選択肢を用意すると、ユーザーは迷ってしまい、判断を先送りにしようと考えます。結果として離脱してしまいます。

● 商品説明は箇条書きのほうが成約率が上がる

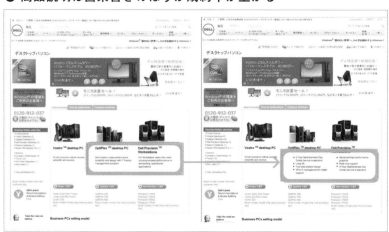

次に、**長い文章は400字以内に収めるようにしましょう。**そのためには、先ほど事例をあげたように、**箇条書きを取り入れるのが一番近道です。**Netflixのカートなどを見ると、文章が非常に細かいステップに分けられていて、長文を斜め読できるように箇条書きになっています。3行以上の文章は、3行と箇条書きに分ける、というふうにしています。そうすると先頭から13文字から14文字は読んでくれるのですね。

Yahoo!ニュースのタイトルは、ユーザーの行動を計測しながら最適な文字数をテストし続けてきており、現在は15.5文字になっています。

「PRIMPAKT」でも最初の13文字が非常に重要だと言われてます。マイクロコピーで重要な言葉を1文字でも前に持ってくるのは、この最初の13文字から15文字で伝え切るためなのです。この原則は、ボタンなどのマイクロコピー以外でも通用します。

- メルマガの件名
- メルマガの書き出し
- LINEメッセージの書き出し
- SNS投稿の文章
- 動画タイトル

あらゆるシーンで、書き出しの13〜15文字以内に、ユーザーにとってのメリットを記載しましょう。そうでないと、その先は読まれなくなります。

9 少ないほうが伝わる

文字のデザインで言うと実際のページの20%しか読まれない、冒頭の13文字から15文字しか読まれない。**ということは、逆に情報量を減らすほうが、ユーザーに読んでもらう量が増えていくという、不思議な逆転現象が起こります。**

以下は箇条書きの量を減らしたら、キープされる率が上がった例です。

● **箇条書きを減らすと、キープされる率が上がる**

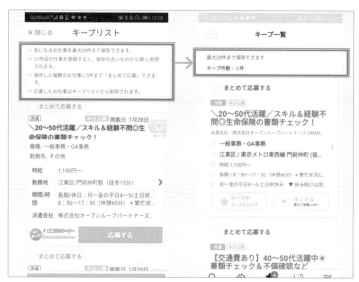

必要なタイミングに表示すればいいので、削れるところを削ってみたのですね。

ではここで、いくつか練習問題に取り組んでみましょう。

「国内の友人や家族とメールアドレスを送って送金、および受け取ります。これは二段階のプロセスで遅延はほとんどありません。またお金の受け取りには手数料もかかりません」

　この文章を短くしてみましょう。ヒントは、不要な言葉がいっぱい入っていること。これをできるだけ一言でいえるようにまとめてみます。不要な部分を削っていって、短くした文章、キャッチコピーを書いてみましょう。

「メールアドレスを持つ国内の人に送金します。
　早く、簡単で、無料です」

　なんとなくiPhoneとかMacの広告でよく使われるキャッチコピーのようですが、まず「国内の友人や家族とメールアドレスを使って送金」という文言は、送金システムなので家族とか友人といった要素は別に関係ありませんから、「メールアドレスを持つ国内の人に送金します」だけで十分です。
　「遅延はほとんどありません」というのは、とにかく「早い」ということを言いたいわけです。「2段階のプロセス」というのは「簡単」だということ、「お金の受け取りには手数料もかかりません」というのは「無料」ということを伝えたいのですね。ですから、全部2文字の

言葉に置き換えて「早く、簡単で、無料です」とするのです。

　こういった言葉の置き換えが重要です。難しい言葉を使うと、それだけでアレルギー反応を起こして「私にはちょっと無理」と思ってしまう人たちが世の中には一定数います。結果として、難しい言葉を使った瞬間に売上が数％も下がってしまうということがよくあります。

　ですから、できるだけ簡単な言葉、単純な単語を社内でもふだんから使う習慣をつけておくといいでしょう。例えば「マニュアル」という横文字を、「説明書」と変えると伝わりやすいというのもありますね。

　また、それでもわからないユーザー向けに、ボタンをクリックすると、説明動画が始まるとベストです。最近はそういう仕組みになってきているWebサイトも多く、テキストで解説したマニュアルがないケースも増えています。

　Web上でもマニュアルは全部読めるのですが、動画のほうがわかりやすいからです。

　最近は「変更内容を保存しますか」というポップアップを出すよりも、「変更内容を保存する」というボタンを表示させるように変わってきています。優れた、簡潔なポップアップやメッセージの作り方は、シェアを伸ばし続けているゲームのユーザーインターフェイスが非常によくできているので、そういうものをチェックする習慣をつけるのもおすすめです。ゲームUI関連のブログだと新発売のゲームがどういう設計になっているのか、画面をずっと追いかけて説明してくれます。

他にも「送信しました」「完了」というのは意外と必要ない言葉です。

　「○○完了しました」という言い方も、動詞だけなら「送信しました」のほうがいいですね。「○○完了」だと漢字が4つ続くので、あまりお勧めできません。短くて簡潔ではあるのですが、読む側からすると漢字が4つ続くと、認識されづらくなる傾向にあります。ですから、漢字が4文字以上連続するときは、なるべく一部をひらがなに開くことをお勧めしています。

>>「言葉のデザイン」まとめ

1．ベイビーステップ

2．ショートコピー。どんどん削っていく

3．目的を前に

4．状態ではなく行動に

5．専門用語を使わない⇒ポップアップで捕捉説明

6．システムメッセージは全部アウト

7．小学生でもわかる言葉、類語で

8．漢字は4文字続かないようにする

9．使われている言葉の量（Googleトレンド）で採り入れるかを判断

第 **7** 章

売上を最大化する
ナビゲーションとは
〜上顧客の導線を作る〜

顧客管理で最も重要なのは、お客様にWebサイトまで来て
もらったら、カート決済ページで購入ボタンをクリックす
るところまでスムーズに誘導し、購入してもらったあとも
アフターケアをしっかり行う、その導線を作り上げること
です。本章ではそのための全体的なUIフローの設計方法を
解説します。

1 UIフロー設計とは 何か?

ここまで読んでいただいたあなたは、

- ・ユーザーは少しの違和感や不安、不信、不満で離脱する
- ・ユーザーが不信や不満を抱くきっかけは、私たちが思っているより ずっと些細なことである

ということを、よくおわかりいただけたかと思います。

　さて、ここまでは商品ページやランディングページのボタンをクリックさせたり、入力フォームの途中で離脱させずにゴールまで辿り着かせるために、マイクロコピーを使ってどのような改善ができるのか?　その事例やノウハウをお見せしてきました。これらを使えば、短期的に(翌日から!)すぐに売上を上げることができるでしょう。ですが、長期的に事業全体の利益を最大化するには、もっと長い視点で——つまり、ユーザーが流入してゴールに到達し、その後もリピートし続けるまでの動線全体を見て——ユーザーが途中で離脱しないように、そしてどんどんあなたのブランドやサービスを好きになるように、最適化を進めていく必要があります。以下に示すのは、新規ユーザーが流入してから、ファンとなってあなたのコンテンツを発信してさらに別の新規ユーザーを獲得するまでの流れを示した、ダブルファネルというモデルです。このダブルファネルの動線を作ることが、長期的な事業成長には欠かせません。

● ダブルファネル (サーキュレーションファネル、循環ファネル)

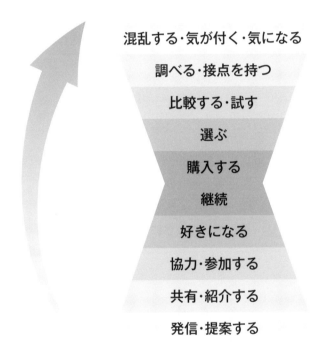

混乱する・気が付く・気になる
調べる・接点を持つ
比較する・試す
選ぶ
購入する
継続
好きになる
協力・参加する
共有・紹介する
発信・提案する

　この、ユーザー動線のことを「UIフロー」と呼びます。

　UIフローを設計することで、ユーザーに上質な体験 (UX) を提供できるようになります。ということはつまり、新規顧客を上顧客にするためのナビゲーションを作る、とも言えるでしょう。

　本書で、しつこいように顧客体験の向上にこだわる理由は、そう

でないと売上を失うからです。

　・顧客体験を改善することでKPIを80％以上向上させることができる

という研究結果もあります。

　ここでも、マイクロコピーライティングの基本原理が活躍することになります。
　マイクロコピーによる直感的で効果的なナビゲーションは、顧客の満足度を高め、最終的に売上を大幅に向上させてくれるのです。
　この章では、マイクロコピーライティングを活用したナビゲーション設計の原則を探り、それがどのように売上向上につながるかを詳しく解説します。

▼ UIフロー設計とマイクロコピーライティングの組み合わせのメリット
　マイクロコピーを基準にUIフローを設計することで、いったいどのようなメリットがあるのでしょうか？　以下に例を挙げていきましょう。

●直感的なユーザー操作の向上
　マイクロコピーは、ユーザーが迷わずに次のステップへと進めるようガイドします。

●ユーザーエンゲージメントの増加

　共感を得るマイクロコピーは、ユーザーの注意を引き、製品により深く関わることを促します。たとえば、製品の利点を簡潔に伝えることで、ユーザーの関心を刺激します。

●エラーハンドリングと不安の軽減

　エラーメッセージや確認メッセージが明確であることで、ユーザーのストレスや不安を軽減し、ゴールまで迷わせずに導くことができます。良いマイクロコピーは、問題が発生した際にもユーザーを落ち着かせ、次の行動へと導く安心感を提供できるのです。

▼ UIフロー設計とマイクロコピーライティングを組み合わせないことによるデメリット

　逆にUIフローを設計するにあたって、マイクロコピーを基準にしないと、以下のようなデメリットが生じ、直接的にビジネスの機会損失へとつながります。

●ユーザーの混乱

　不明確な指示がユーザーを迷わせ、サイトやアプリの操作を中断させる可能性があります。ユーザーが求めている情報や機能にが簡単に利用できないと、ユーザーが競合他社のサイトへと移動するかもしれません。

●成約率の低下

ナビゲーションが直感的でない場合、ユーザーは購入や登録のプロセスを途中で断念しやすくなります。

●顧客満足度の低下とブランドイメージの損傷

　ユーザー体験に不満を感じると、SNSやレビューサイトでの悪評につながり、既存顧客の継続や復帰、新規顧客の成約率に悪影響を与えます。

▼　一貫したマイクロコピーの重要性

　ナビゲーションにおけるマイクロコピーの一貫性は、ユーザーが安心してサイトを利用できるようにするために不可欠です。あるアクションの呼びかけが、次のページの内容と誰にでもわかりやすく連動していれば、ユーザーは予測可能な体験ができるので、信頼感を持ってサイトを利用できるでしょう。例えば、「空いている日程を確認する」というボタンを押したのに、次のページのタイトルが「申し込みページ」だったなら、ユーザーは「話しが違う」と混乱してしまいます。

2 UIフローの作り方 〜メッセージマッチの 大原則〜

では、実際にUIフローを作っていきましょう。まずは、ユーザーが実際に見るコンテンツを具体的に記述していきます。これは、ヘッドコピーやCTA（Call to Action、行動を促す文言）など、ユーザーが実際にクリックする要素やアクションを含みます。

● ユーザーが実際に見るコンテンツを並べてみる

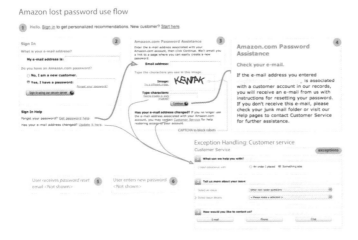

競合サイトや自身の既存サイトを分析するときは、このようなページのキャプチャを並べて貼るやり方でもいいのですが、UIフローを改めて設計する場合は、もっとシンプルに、このように書きます。

● UIフローの書き方

ユーザーが見るもの　→　ユーザーが見るもの　→　ユーザーが見るもの
ユーザーがすること　　　ユーザーがすること

ただしこれは従来のUIフロー図です。ここに、マイクロコピーの
エッセンスを加えると、次のようなUIフロー図になります。

● マイクロコピー流UIフローテンプレート

　それぞれの項目名と内容をまとめてみましょう。

・状態名＝ユーザーが直面している、現在のページや状況、メディアの
　種類など
・ヘッドコピー＝ユーザーが目にするタイトル。ページのタイトルやメー
　ルの件名など
・マイクロコピー＝ユーザーが行動するボタンやリンクに記載する文字
・ユーザーのすること＝マイクロコピーを見てユーザーが取る行動。

　具体例を見てみましょう。例えば、無料メールマガジンに登録し
た後、ユーザーが商品販売ページに誘導され、購入するまでの様子
をUIフロー図にすると、こうなります。

● 無料メルマガ登録→販売ページ誘導→購入までの UI フロー

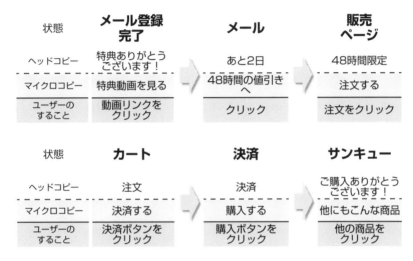

状態	**メール登録完了**	**メール**	**販売ページ**
ヘッドコピー	特典ありがとうございます！	あと2日	48時間限定
マイクロコピー	特典動画を見る	48時間の値引きへ	注文する
ユーザーのすること	動画リンクをクリック	クリック	注文をクリック

状態	**カート**	**決済**	**サンキュー**
ヘッドコピー	注文	決済	ご購入ありがとうございます！
マイクロコピー	決済する	購入する	他にもこんな商品
ユーザーのすること	決済ボタンをクリック	購入ボタンをクリック	他の商品をクリック

　この UI フロー図をご覧いただくと、ひとつの大きなルールがあることに気づきませんか？

　各ステップのマイクロコピーと、それぞれ直後のステップのヘッドコピーを見比べてみてください。そう、繋がっているんですね。例えば、「決済する」というマイクロコピーをクリックしたら、次に現れるページのヘッドコピーは「決済」になるのです。「一貫性」これこそが、UI フローとマイクロコピーを組み合わせることで得られる最も大きなメリットです。

　マイクロコピーとは、長ったらしい文章を読むことなく、**ユーザーが共感し、考えずに済み、安心できる**ものとして本書では解説してきました。そのマイクロコピーをハブにして、UI フローの一貫性を

保つことで、いくつものページ移動を経てもユーザーの離脱を抑えてくれるのです。

　大袈裟な前置きをしておいて、言いたいことは「一貫性を保つ」だけ!?　と思われるかもしれません。一見当たり前に見えることですが、残念ながら実現できているWebサイトはごくわずかなのです。

　これは広告も同様です。広告文は、次のページのタイトルやボタンのコピーと連動している必要があります。これは「メッセージマッチ」と呼ばれます。これが途中で切れると、ユーザーが離脱してしまう可能性があります。

　メッセージマッチが不十分な広告とランディングページの組み合わせは、どのくらいあるのでしょうか？　Unbounceの調査によると、なんと98％にものぼるとされています。メッセージマッチができていないせいで、広告費を無駄に捨て続けていることを考えると、UIフローをいますぐに設計することがどれだけ採算性が高い行動か、おわかりになるでしょう。

　さあ、いますぐ、前出の「マイクロコピー式UIフローテンプレート」を使って、あなたのユーザーが初めてあなたのブランド、サービスを目にするところから、リピートしてファン化するまでのフローを作成してみてください。

　その際には、顧客が目にするメディアのヘッドコピーとボタンコピー（マイクロコピー）を順番に書いていきましょう。顧客の行動は主にクリックです。最初から最後まで、ユーザーが行動するフローにのなかで、驚きや戸惑いがあってはいけません。

前後のつながりを意識してください。

▼ アトリビューション分析をしよう

　最近、アトリビューションが注目されています。

　アトリビューションとは、「間接効果」とも呼ばれ、ユーザーが最終的に購入に至るまでに、間接的に影響を与えた「流入チャネルごとの貢献度合い」を正しく測定するために用いられる分析方法のことです。アトリビューションを設定することは重要です。

　具体的な例を挙げると、飲食店を見つけるプロセスでは、グルメサイトやGoogleマップ、SNSなどを見て決断することが多くありますよね。その際、最後に見たページだけで選んだわけではなく、他のページの情報も材料にしているわけです。つまり、最後に見たページ以外も、来店に貢献していると言えるはずです。

　また、日を跨いで情報を見る人もいます。これまでの分析では、最終的に訪れたページや直前の広告ページを重視していましたが、最近では紹介ページや感想販売ページなど、複数のページに価値があると考えられるようになっています。アトリビューション分析をすることで、UIフロー図に組み込むべきステップを発見することができます。

▼ なぜ？　インスタグラムの広告

　なぜアトリビューション分析が必要なのでしょうか。それは広告媒体によっては、直接的な売上を出せなくても、間接的に売上に寄与しているものがあるからです。

代表例として、インスタグラムの広告が挙げられます。

　インスタグラムの広告は、単独での反応が少なく、直接的な売上げへの影響も限定的なケースが多いです。ユーザーは広告を見てから、複数の情報源を比較し、商品やブランドを検索してくることが多いからです。そのため、単純な直接的な販売データだけでは、広告の効果を正しく評価することが難しくなります。

　過去には、このような理由から、インスタグラムの広告を取りやめるクライアントもいました。しかし、これは過去の発想であり、実際にインスタグラムの広告を停止した場合、売上が大幅に減少することが多くなりました。こう言った事例が複数あることから、インスタグラムの広告は、広告効果の測定や適切な戦略を立てるために、アトリビューション分析が必要不可欠です。

　広告戦略だけではなく、UIフローの設計でも、アトリビューション分析は役立ちます。

　購入に貢献しているステップもUIフローの中に入れることで、上顧客へ育てる仕組みがより強くなるからです。

　アトリビューション分析は、Googleアナリティクスで無料で利用できますので、ぜひ設定してみてください。

第 **8** 章

———

全ての改善を
最短最速で行う大原則

～マインドセットと必須スキルを手に入れる～

ここまでマイクロコピーの活用方法について具体的に解説してきましたが、売れるマイクロコピーを作るのに、絶対に成功するテンプレートや鉄板ワードのようなものは存在しません。そうなると、「時間も予算も限られているから、闇雲に取り掛かるわけにはいかない。どうやって改善を進めればいいのか？」と不安になる方もいるでしょう。この章では、どこから改善すべきか、その優先基準を明確にしていくことで道を開いていく術を説明します。最後に改善ポイントを見極めて採算をとれるサイトに仕上げていく具体的なノウハウを解説しましょう。

テンプレートや
鉄板ワード集は
信じるな

　テンプレートという言葉や存在、正直に申し上げると私も大好きです。

- 型にはめれば、よく知らなくても上手くいく
- 成功が保証されている
- 限られた人だけが知っている
- ラクできる
- なんだか秘密兵器を持っているような気になれる

　といったイメージがあるんですよね。

　ですが、テンプレートやセオリーは、「なぜそうなっているのか？」という仮説と検証の過程を知らないと、成果が伴わないのです。
　テンプレートを使うな、というわけではなく、「なぜそのテンプレートができあがったのか？」その背景情報もセットで教えてもらわないと良い結果は出ない、ということです。

　そもそも、テンプレートにそのまま当てはめて作る、なんてことは実はそうそうできることではありません。
　みなさんも経験があると思いますが、「ここは、当てはめ方がよくわからないから端折っちゃおう」といったように、勝手なカスタマイズをしたことは、ありませんか？　これは結果として型が崩れ、出てくる成果がイマイチのものになってしまうことにつながります。

　テンプレートの成り立ち、その型に至った理由や過程や検証内容を知っていればカスタマイズも自分でできるのですが、そこまでセットで教えてくれる親切なテンプレートやノウハウはなかなかありません。

　私たちも、何度もセオリーには裏切られてきました。

　例えば以前、セミナー集客のランディングページに講師の写真を掲載して、講師写真が掲載されていない、のっぺらぼうの背景のバージョンと比較して、どちらが申し込み率が高いかテストしたことがあります。セミナービジネスを教える人は必ずと言っていいほど「セミナー募集のページには講師の顔写真を載せましょう。信頼性が獲得できます」と勧めてくるので、それが本当かどうかを試してみたわけです。

　結果は、顔写真が載っているほうの惨敗でした。要はポイントが「顔写真を載せろ」ということではなく、「載せる顔写真には条件がある」ということだったのですね（その条件は教えてもらえませんでしたが）。

　マイクロコピーも同様です。**型やセオリーはあるとしても、「なぜそこに至ったか？」という仮説や検証の過程をセットで知らないと、裏切られることになりかねません。**

　SNSでも、「このマイクロコピーは使える」のようにシェアしてくれている人がいます。実際、とても参考になるので、情報収集するのはいいと思うのですが、「このマイクロコピーを使うといい」というだけではなくて、

- ・「なぜ結果が出るのか?」という仮説
- ・そこに至るまでにどのような過程を経たのか?
- ・根拠となるデータはあるのか?

までセットにして吸収し、自身の武器にするようにしましょう。

　マイクロコピーに限らずですが、「リストがあるから、これを使えば誰でも簡単にできるよ」といった言葉は、あまり信用しないほうがいいでしょう。

　なぜか?　ここにひとつ、例をお見せしましょう。

　以下に示すのは、「Code.org」という、コンピューターサイエンスの学習支援を行う米国の非営利団体が会員を募集する際に行なったテストです。ボタンの中のコピーにご注目ください。

●「Code.org」のボタンコピーのテスト

「Learn More」(もっと詳しく)

「Join Us」(参加する)

　さて、どちらのボタンがよりたくさんクリックされたでしょう

か？

　正解は、「Join Us（参加しよう）」のほうでした。

　では、「『Join us』というボタンはクリックされやすいのだ！
『Learn More』というボタンはよくないのだ！」という結論は正しい
のでしょうか？

　答えは「No」です。

　別の事例を見てみましょう。

　バラク・オバマ元大統領が、大統領選挙で、支持者を集める（＝
寄付金をたくさん集める）ために開設したWebサイトでのテストで
す。

● オバマ元大統領のWebサイトのテスト

どのボタンが勝ったでしょうか？

答えは、「LEARN MORE（もっと詳しく知る）」でした。先程の
Code.orgの事例の時と、まるで正反対であったわけです。

　このように、「最強のフレーズ集」といったものは、当てにならな
いのです。**私たちは「なぜこういう結果になったのか？」という仮説
を、事例とセットで身につける必要がある、というわけです。**
　あなたは、ご紹介した2つの事例について、なぜ逆の結果になっ
たと思いますか？　ぜひ考えてみてください。

　ですが、第2章で行った「顧客分析」をや、第6章でご紹介した「共
感マップ」を使えば、顧客が何を考えているか、どんな単語を使っ
ているのか、もうおわかりかと思います。
　**そう、あなたが「顧客を理解した上でつくったテンプレートやワー
ド集」はとても利用価値が高いのです。**信じないほうがよい、といっ
たのは、あなたの顧客のことを理解していない人が作ったテンプ
レートやワード集のことを指します。
　ぜひ、あなただけの最強のワード集を作ってみてください。顧客
に接するあらゆるシーンで、威力を発揮します。

2 改善の優先基準を手に入れて超採算的なPDCAを回す

Webページの改善にあたって、どこから手をつければいいのか？という基準は重要です。

多くの方は、上から順番に、つまりランディングページのキャッチコピーや画像から改善に取り掛かりますが、私たちのおすすめは違います。

最もすぐに売上が上がるのは「ゴールから改善する」ことです。つまり、申し込みや購入が完了するボタンから改善をはじめます。次に入力フォーム、その次にフォームに遷移するボタン、その次にセールスコピー……と改善を進めていくわけです。

なぜか？　第1章で触れたように、とにかく顧客は文章を読みません。キャッチコピーやセールスコピーは、購入する顧客が必ず見ているわけではありません。

ですが、そんな顧客でも、「買う見込みの高い顧客なら必ず見るところ」があります。**それは購入ボタンです。**当然ですよね、見ないと買えないわけですから。

では、「ボタンに注目している人＝購入する人」になるのでしょうか？

いいえ、これも違います。「ボタンのせいで購入をやめる人」はたくさんいるのです。

ここで第1章で紹介した、ボタンコピーの変更で成功した実例を、もう一度引用しましょう。これは、整体院のWebサイトで、初診の

申し込みの獲得に使っていたボタンです。

● 整体院のサイトで使っていたボタン

お問い合わせ

これを、こう変えたわけです。

お問い合わせする

ひらがなを2文字足して、動詞にしただけです。

これだけで成約率が3倍以上になったのは、第1章で説明した通りです。

逆に言えば、このボタンのせいで、「本来買ってくれるはずのお客様の7割」をずっと取りこぼしていたと言えます。

このように、ボタンのマイクロコピー次第で売上が大きく変わってくるのです。

もうひとつ、採算性の高い改善箇所の見つけ方があります。

それは、顧客の動きをデータを元に転換率を視覚化すること。

例として、「ある月額課金ビジネスにおける改善機会の抽出」のグラフを見てみましょう。

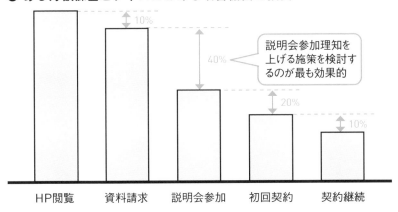

● **ある月額課金ビジネスにおける改善機会の抽出**

10%

40%

説明会参加理知を
上げる施策を検討す
るのが最も効果的

20%

10%

HP閲覧　　資料請求　　説明会参加　　初回契約　　契約継続

　このグラフからは、ユーザーが最も離脱している部分は「資料請求したユーザーが説明会に参加する」ところだということが見て取れます。ということは、この場合、改善の費用対効果が最も大きいのは、「**資料請求した顧客に説明会に参加してもらう率を上げる改善**」です。

　資料請求や初回契約の率を改善することも、もちろん無駄ではないのですが、 重要なのは、効果を最大限に引き出すことです。離脱率が低い場合は、素晴らしい施策を実施しても成果は限定的です。

　Webサイトにはこのようなポイントがたくさんあります。最も離脱率が高い部分を見つけて、改善していきましょう。 一般的には、カートの中が主な原因になる傾向があります。Google アナリティクスを使うと、経路データ探索という機能で、ユーザーがどこで離脱しているかを可視化できます。

このためにも、第7章で解説したUIフローの設計は、とても大事なのです。

● Googleアナリティクスで顧客の動きを可視化する

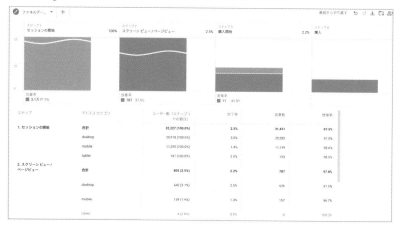

（GoogleAnalytics　ファネルデータ探索）

　こうすると、サイトに訪れた顧客が、購入完了するまでのどこのステップで多く離脱しているのかがわかります。

3 あなたのボスは顧客 ～データこそが答え、必ず A/Bテストをして確かめる～

A/Bテストとは、2つのバリエーション（AとB）を比較して、どちらがより効果的であるかを確認するテスト方法です。このプロセスは、Webサイトのランディングページ、Eメールマーケティングのキャンペーン、またはソーシャルメディアの投稿など、あらゆるマーケティング素材に適用できます。

A/Bテストを実施する際の鍵は、一度にひとつの要素だけを変更することです。たとえば、コールトゥアクション（CTA）の文言、色、位置など、テストしたい要素を決めます。そして、一方のバージョン（A）を現行のバージョンとし、もう一方のバージョン（B）はその要素だけを変更します。この比較により、どの要素がユーザーの行動に影響を与えるかを明らかにできます。

重要なのは、A/Bテストによって得られるデータを基に意思決定を行うことです。テストの結果がどんなに直感に反していても、感覚や推測ではなくデータを基準に改善を進めます。

なぜなら「何が正しいか？」の答えは唯一、あなたの顧客だけが知っているからです。

アメリカの著名なコンサルタント、ジェイ＝エイブラハム氏は「誰でも『テスト』を徹底的にすれば、事実上マーケティングの天才になれる」と言いました。

つまり競合よりも多くテストをすれば、それだけ早く大きく改善ができます。ですが、テストするにも労力とコストと時間がかかりますよね。そこでマイクロコピーの出番なわけです。マイクロコピー

ほど、早く安く簡単にできる改善はありませんから。

● 1億円未満の小企業・零細企業と3億円以上の企業の違い

1億円未満の企業	3億円以上の企業
商品リサーチ	顧客リサーチ
来たものから順に仕事する	数値を見て判断・行動する
ざっくり売上で把握する	売上要素を分解して計測する
テストせず感覚で拡大する	テストで数値を計測して拡大する

　テストして、結果がうまくいかなかったとしても、テスト前の状態に戻せば何も問題ありません。数字が動いたということは、テストをした箇所に目をつけたこと自体は正しかったわけですから。

　1回のテストの結果で、その後の施策を辞めるのはとても勿体無いことです。挫けずに次のテストを始めましょう。

4 改善を爆速で進める「How思考」を手に入れる

DVD教材販売の会社でマーケティングを担当されている方が「商品ページでの売り上げをもっと上げたい」という目的で、私たちの会社までご相談に来たことがありました。かなり切羽詰まってまして、「2ヶ月で結果を出さないとクビ」という状況でした。

そこで解決方法として、私たちは「フォームの統一や項目ごとの表記の改善」を提案しました。過去のデータから、「売上が上がる見込みが高く」「実施する労力もさほどかからず」「すぐに成果が出る」と考えて、のことです。

「わかりました！」という返事とともに改善に取り組んだその方は1ヶ月で担当商品の売上を13倍にし、社内でもトップの成績を出せるマーケッターになりました。

どうやって、このような目覚ましい結果を出されたのでしょうか？「これがマイクロコピーの威力だ！」というのは簡単ですが、実はもうひとつ要因があって、「成功するための考え方」でその方が問題解決に取り組んだからだ、と私たちは考えています。

実は後から聞いた話によると、改善施策を会社に持ち帰ってから発覚したことですが、社内で導入していたカートシステムの制約で、私たちが提案した入力フォームの改善が実装できない、ということがわかったそうです。あなたなら、このような時にどうしますか？

前提条件は、

・カートシステムの入れ替えは時間とコストの問題で難しい
・今のカートシステムだと、アドバイスされた改善案は実行できない
・「2ヶ月で結果を出さないと解雇」と会社に言われていた

です。ぜひ、「自分だったら」このような状況に直面したらどんなことをするか、考えてみてください。

　実際にはどうやったのでしょう？　答えは、

「カートを使わず入力フォームを自作して商品ページに表記し、顧客が
　入力して送信した顧客情報を、社内の事務スタッフにコピペで1件ず
　つカートシステムに転記させた」

ということです。
　人件費はかかりますが、売上が13倍になるなら安いものですよね。もちろん、うまく行った後はカートシステムの入れ替えに投資して、今では自動化されています。

　もっと賢い方法が、もしかしたらあったかもしれません。でもそのマーケッターさんは必死でした。
　私たちの周りで、改善の方法を提供したり、逆に成果や失敗事例を伺ったりする中でよく聞くのが、「なるほど。でもそれは……」と

いう、「Yes,But思考」のフレーズです。

こうしてみたら？　というアイデアに対して、

・でも、システムの問題で難しい
・でも、やり方がわからないから難しい
・でも、忙しいから
・でも、人手がないから
・でも、もっと大掛かりなことをしないと
・でも、時間がなくて……etc.

という理由で踏みとどまっていませんか？　一見、合理的に取捨選択しているように見えますが、問題は何ひとつ、解決していませんよね。

この「Yes,But思考」を、「どうすれば実現できるようになるのか？」という「Yes,How思考」に切り替えることが、結果を出すのに何より必要なマインドなのです。

ここまでいくつもの事例やセオリーを伝えしてきましたが、いかがでしょう、もし「でも……」という「But思考」で手をつけていないとしたら、ぜひ「どうやって実現しよう？」という「How思考」で考えてみてください。

いわゆる水平思考と呼ばれるアプローチです。

1. まずは実現できない理由、問題を書き出す
2. その問題を回避する方法を思いつく限り書き出す（他の人や
   ChatGPTを壁打ち相手にしてみるのもOK）
3. その中で最も楽で時間がかからない方法をピックアップする

　そうは言っても、アイデアが思いつかない！という方も、全く問題ありません。そんな時は「巨人の肩に乗る」だけ。すでに成功している事例を探してみましょう。

・海外のサイトを「AB test case」で検索し、事例を見つける
・マーケティングツールを提供しているサイトで報告されている事例から探す
・海外のサイトで「業界名　TOP10　2023」といった単語で検索し、成長率が高かったり市場シェアが大きい企業を探す
・マーケティングやWEBデザインの業界賞（海外をメインに）を受賞している企業をチェックする

　海外の事例を敬遠する方が多いのですが、少なくともUXの向上に関して日本のマーケティングは明確に欧米よりも遅れているので、日本国内の事例ばかり参考にしていると周回遅れになります。

　顧客分析をして、理解した上でマイクロコピーの仮説を立て、テストで検証する。　これが一番の手順ですが、中にはそれすら時間や労力の余裕がない、という方もいるかもしれません。そこで、さら

に手っ取り早いマイクロコピーの改善方法もお伝えします。それは、すでにマイクロコピーのテストを頻繁に繰り返して改善し続けているサイトを真似ることです。

　以下に、私達がふだん注目しているWebサイトやプラットフォームの「ここがうまい！」という事例をいくつかご紹介しましょう。みなさんもぜひ定期的にチェックして参考にすることをお勧めします。

▼ 巨人の肩に乗って「最強の一言」を見つける方法

　以下に紹介するのは、Netflixトップ画面の申し込みボタンのテストパターンです。

● Netflixのトップ画面

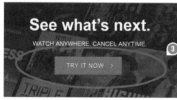

　4種類のボタン（Netflixに参加する、今すぐ参加する、今すぐ試す、Netflixを手にいれる）でテストしました。結果として、「今すぐ試す」のボタンが勝利しました。他にも、

- Amazon
- Airbnb
- booking.com
- Etsy
- basecamp

　など、急成長している企業は必ず、WebサイトのA/Bテストをしてきています。最適化された現在のデザインを参考に、マイクロコピーの改善をしていきます。

　さらにもうひとつ。**煽るマイクロコピーよりも、分かりやすく顧客が不安を抱かないマイクロコピーを優先して改善してみてください。**

- 今だけ!
- 期間限定
- ○○%OFF!

　といった売り込むコピーは、顧客がボタンを押す際に不安を感じている状態だと、効果があまりありません。それよりも先に、

- ボタンを押すとその後どうなるか
- 具体的に
- 分かりやすく
- 顧客にとってどれだけリスクがないか

　ということを、伝えるようにしましょう。

iPhoneのiOSの設定画面で使われている文字は、「＞」が進む、「＜」が戻ることを示しています。

● iPhoneのiOS設定画面

「＜」＝戻る　　　　　　　　　　　　　　　　　　　　「＞」＝進む

AndroidとiPhoneでは、戻るボタンの表示が異なります。iOSでは「＜」が使われるのに対し、Androidでは矢印が使われます。日本ではiOSユーザーが多いため、「＜」を優先するのが良いでしょう。

iOSでは設定画面などで必ず右側に「＞」が表示され、画面を進めることができますが、Androidではそのような表示がありません。この違いから、iOSのほうが初心者向けに作られていると言えます。市場を考えると、すべてを初心者向けにするほうが良いでしょう。

Androidはアップやバックなど、考え方が異なりますが、iOSユー

ザーが多いため、アイコンなども iOS に合わせるべきです。

　文字やアイコンの表示がわかりにくいと、ユーザーにとっては操作ができるのかどうか迷い、不安になります。ユーザーがふだんから使っていて動作に信頼を寄せているOSのフォント、色、アイコン、レイアウトを極力真似て、デザインしてみてください。

▼ お客が忘れることを前提に作られた DJI のサイト

　ユーザーがすぐに忘れる、という前提をしっかり守ったサイト、それがドローンなどを販売している「DJI」のサイトです。カメラやスタビライザーなどがとてもよく改善されていて、誰も勝てなくなりました。GoPro などがシェアを下げたのも、DJI の影響と言えるでしょう。

　DJI の販売サイトを見ていただくと、Apple っぽい感じになっています。商品ページでは美顔効果や手ぶれ補正をはじめ、多くの機能がアピールされており、倍率なども表示されています。

　お客さんはこうした情報を見ているうちに、「結局何が優れているんだっけ？」と情報を忘れがちです。そこで、注文ボタンの直前に特徴的な機能が再度記載されている内容に注目してください。これはまさにマイクロコピーで、お客さんに再度気付かせています。

　縦に長いWebページでは、せっかくわかりやすく記載した情報も忘れられやすく、スマホユーザーの場合は特に顕著です。PCユーザーは広い領域を一度に見られるため、多少は覚えやすいですが、DJIはPCでもこのように配慮しています。これは売り上げにつながる要素です。

● DJIの商品購入サイト

ボタンのすぐ
上に、細枠角
丸の長方形で
要点をまとめ
て表示してい
る。このテク
ニックはあら
ゆるシーンで
お勧め

▼ チャットボット

ユーザーからの質問に自動で返答してくれるプログラムである
「チャットボット」は今後急速に増えていくでしょう。サポートセン
ター用のメッセージや注文のためのメッセージなど、さまざまな用
途に使われています。

例えば、お部屋探しのサポートでは、少しずつ質問をしてデータ
を収集し、最適なお部屋情報を提供することもあります。生成AIが
気軽に使えるようになったおかげで、カスタマイズも簡単になりま
した。

このように、どこも似たようなメッセージを作ることができるた
め、差別化が重要です。一部の企業では、コメディアンや俳優を雇

用して、面白い雑談やギャグを入れるなどして差別化を図ってきましたが、成約率は上がりませんでした。無駄な会話は不要だったようです。

　ですが、ここまでに紹介してきた、入力フォームの最適化のテクニックは、チャットボットでも同様に使えます。

　女性向けフィットネスクラブでは、新規ユーザーの体験申し込みを獲得するチャットボットを改善し、成約率を約1.5倍近く向上させました。

　本書で紹介した入力フォーム改善のテクニックを使っただけです。

▼ マイクロコピーが選択肢のひとつになっている
　AppleのWebサイトは、ずっと改善が続けられていて、フォントやレイアウト、色の使い方がとても参考になります。

　購入画面を開くと、チャットのように「○○について知りたいですか？」と質問してくれます。そして、クリックするとポップアップ画面が開き、詳しい情報が表示されます。

　このように、「わからない」「迷っている」場合にクリックできる3つ目の選択肢が用意されるように変わってきました。以前とはまったく異なるインターフェイスです。

　チャットボットを使わなくても、顧客と会話し、悩み事を解決できるページを作ることができるのです。

　皆さんも、顧客に選択を迫る際には、よく問い合わせを受けたり質問されることを先回りして答える準備をしておきましょう。ページに全部書くと、不要な人にとっては邪魔な情報になってしまいますから、「聞きたいですか？」というボタンを用意してあげるのがベストです。これだけで、選べない人にとっては「行き止まり」だったWebサイトが、戻らずに先に進めるすばらしい顧客体験を提供するWebサイトになります。

▼ 競合サービスへの不満解消を、自社のセールスポイントにしたNetflix

　再びご紹介する動画ストリーミングサービスの大手であるNetflixは、Webサイトの改善を頻繁に繰り返している会社です。ボタンの大きさやマイクロコピーを少しずつ変えながら、最適なデザインをテストし続けています。

　そんなNetflixから、顧客のとってハードルが高く悩ましいために最も離脱が多いと思われる、プラン選択の画面で使われているマイクロコピーをご紹介しましょう。

● **Netflix のプラン選択画面**

とてもシンプルですよね。一番上に書かれているのは「いつでも
キャンセルできます」という文章です。競合のストリーミングサー
ビスに対して多く寄せられている「解約できない」という不満に対し
て、対極の強みを打ち出しています。

このような、顧客の不安をあらかじめ取り除くマイクロコピーが
第4章で紹介したクリックトリガーであり、ボタンや入力フォーム
の直下に表記されることが多いのですが、Netflixは他の売り文句よ
りも強く、顧客にとって重要な要素であると判断しているからこそ、
一番最初に書いているのでしょう。

マイクロコピーがセールスコピーそのものになっている事例で
す。

第 9 章

「北の達人コーポレーション」木下勝寿社長に聞いてみた

最後に本書の中でもたびたび名前が出てくる「北の達人コーポレーション」代表取締役の木下勝寿さんに、マイクロコピーの独自の活用法と今後の展開について伺ったインタビューをご紹介します。一代で時価総額１千億円企業を育て、今なおマーケッターとして最前線で活躍され続けている木下さん。マイクロコピーを最もうまく活用している企業の一例として参考にしてみてください。

「北の達人コーポレーション」のマイクロコピー術

——木下さんは、これまでずっとご自身のビジネスの展開をされていた間も、マイクロコピーに注力されていたと思いますが、マイクロコピーに目をつけた最初のきっかけとは、どんなことだったんでしょうか?

　木下勝寿社長 (以下、木下):私がビジネスを始めたのは20年くらい前なので、初期の頃ってデザイン面などであまり凝ったことができない時代だったんですね。

　なので、テキストや文章でいかに勝負していくかということが、重要なポイントでした。キャッチコピーやボディーコピーなどの文章は重要ですが、**実は「ボタン周り」の言葉にもかなりの影響力があることがわかってきたのです。**

　ボタン周りの言葉の選び方によって、成約率(CVR)が大きく変わりました。でも、多くの人はその点にあまり気を配っていなくて、けっこう無頓着でしたね。

　それである時、山本琢磨さんの著書(『ザ・マイクロコピー』)で「マイクロコピー」という言葉を知って、こうやって定義をすると伝わりやすいなっていうふうに思い、使い出したのがきっかけです。

——木下さんは著書の中で「経営戦略としてマイクロコピーを優先してください」と書かれてます。そしてその理由として「他社には成長要因がわからない」とおっしゃっています。

　これは、先ほどの「多くの人がボタンの言葉選びなどに無頓着」というところともあるかと思うのですが、どうして他の会社はわからなくなってしまのでしょうか？

木下：クリエイティブの育ち方の問題が大きいのかなと思っています。

　私がビジネスを始めた20年前は、まだ参考にするものがなかった。つまり、他社のランディングページ（LP）を見ながら自社のLPを作るということがなかったんです。

　なので、商品とお客さんだけを見て、例えば広告をクリックした後にファーストビューを見てどういう気持ちになるんだろうとか、ボタンをクリックするかどうか迷った時にどんな言葉があったらいいだろうとかって考えながら作るんですけども、今、デザインとかLPを作ってる人の大半は多分そういうことをやっていなくて、クリック率の高い他社の広告やLPを見ながら作っているだけなんだと思うんです。

　ですから、ゼロから商品やユーザーを見たりしながら作った経験がある人たちというのが、実はすごく少なくて、こういった方々は正直、マイクロコピーをあまり理解できないですね。

　クリエイティブが当たった時に、当たった要素だけ抜き出して、例えば「これって黒背景だから当たったんだよね」っていうふうに捉える人と、「いや、これは黒背景というよりは手前にある商品のそのテカリ具合のシズル感が良かったんだ」っていう人、当たりの要素を抜き出すのは人によって違う部分なんですけれども、要は自分で

ゼロから作ったことがない人って、他社の当たり要素を抜き出して集めていくにしても、だいたいマイクロコピーの部分は見落としているんです。

　ずっと自分でコピーを作ってテストを繰り返している人は、ユーザーの観点で見ているから、彼らがどこでどういう気持ちになるかわかるので、小さなコピーや価値にも気づくことができる。だけど、パクる要素としてしかコピーを見ていない人って、マイクロコピーのところを「あ、ちょっとスペースないからこれ省こう」みたいに軽視してしまったりする、その辺が理解できてないんですね。

　なので、この会社、今すごく伸びてるっていうLPを見てても、一見全然変わってないようにしか見えないんだけど、実はマイクロコピーが全部変わってるというケースが、とてもたくさんありますね。

――そうですよね、まさに本当にそうだと思います。

木下：Shopifyなどが使いやすい理由って意外とそういうところだったりするんですけど そこに着目されているカートさんが少ない。

――あと、労力がかからないってところですよね、テキストを変えるだけなので、秒速で変化を実感できる。

木下：すぐに結果は出るっていうのも本当にそのまま、15分もかからないうちにもう結果も変わってしまうところがすごいですよね。

▼ ❸ランディングページの改善方法

——「LPに変化を加えてもなかなかCVRが改善しません。どうしたらいいですか？」という質問を頂きました。

木下：そうですね、どこに変化を加えたのかのもよりますが、**CVRを一番手っ取り早く改善したいなら、もう絶対にカゴ周りですね。**

　もしカゴ周りを変えても成果が出ないっていうことなら、ユーザーがカゴのところまでたどり着いていないということなので、ファーストビューからちゃんとセカンドビューに流れているか、ヒートマップを見ていきながら探すのがいいでしょうね。

　ただ本来、LPって単体で考えるものじゃなくて、その前の広告とか記事LPなどとの相性の問題があるので、同じLPでも広告だったり記事だったりの内容によって、CVRは大きく違ってきます。

　僕は必ずユーザーが見るように、いちばん最初の広告の起点から全部見ていきます。

　起点の広告をクリックする人はどんなことを期待しながら次のページに飛んでいるんだろうかとか、記事LPを読む人はどんなことを思って、どんなことを期待しているだろうか、などと考えます。

　こうやって広告から全部たどっていって、その顧客の感情の観点で見ていくっていうのを我々は「エモーションリレーを見る」という言い方をしているんですけども、エモーションリレーがつながっているかどうかが、一番大きいかなと感じてますね。

——なるほど、前のページのテキストと次のページのヘッドライン

コピーっていうのがずれていたりすると、そこで**離脱**が起きたりしますよね。

木下：よくあるのが広告を作りました、LPを作りましたって、単純にいちばんCVRが高かった広告とかLPを組み合わせてしまったりするケース。そうすると無茶苦茶になるわけですね。途中でエモーションリレーが切れちゃいますから。

▼ **❹嫌がられない広告とは？**
──広告を受け取るユーザーの感情について、ネガティブな広告やウザい要素の排除について気にされていることはありますか？

木下：**まず第一にすごく大切なのは、きちんとターゲットに向けて広告を出しているかどうかということです。**求人サイトを見に行って、求人広告が出てきてウザいと思ってる人っていないわけですね。その情報が欲しいと思っているターゲットは、出てくる広告も全部情報として見てくれるので、ウザいとは思わないわけです。逆にターゲット外の人に配信する広告はやっぱり、基本的にはウザいと思われるのが大前提だと思った方がいいでしょう。

──ゲームアプリの中で広告を出しちゃう例とかありますね。

木下：汚い歯の写真を載せた美容系の広告なども、何であんな不快な写真を出しているかというと反応がいいからなんですよ。という

ことは、歯が汚いことを気にしている人からすると、あの広告は全然ウザくないわけですね。**ですから、まず大切なのは、ターゲットの人以外に配信しないようにすること。**あとは、ターゲット以外の人が見たときにやっぱり不快に感じないようにするぐらいの配慮も必要だということですね。

どぎつくすればするほどターゲットのクリック率が上がるのは確かなんですが、同時にターゲット以外の人が不快に思う率もすごく高くなっていて、Yahoo!などの今のネット広告だと、ターゲット以外の人が不快に感じる広告についてクレームが一定数集まってしまうと、その会社はもう、広告が出せなくなってしまいます。

以前はそういう申請があったら、Yahoo!の審査の人がチェックしたんですけど、今はそういうの一切せずにユーザーファーストという形になっているので、ユーザーが不快に思ったとしたら、もうそれはいかなる理由があってもダメだっていうルールになっているんです。

なので、ターゲットにしか届かないように配信するというところと、ターゲット以外の人が見た時に不快に感じないようにするっていうのが大事ですね。

ただ、不快に感じるか感じないかっていうのも人によって違ったりするので、我々は社内でチェック機構を作っています。広告を作ったらまず、第三者のチェックが2、3段階入って、1人でも不快と思ったものはもう出さないようにしてます。**細かい理由も関係ない、一般ユーザーからして不快だと思う人が1人でもいるなら、やめた方がいいということです。**

——すごい。それを徹底してる会社なんて、そうそうないですよね。でも結局、それが一番合理的ってことですものね。

木下：そうですね、今後はYahoo!などでも不快な広告は問答無用で出せなくなるので、みんなが知っているような有名な会社でも、実はYahoo!で広告を出せないケースもあるんですよ。

▼ ❺ユーザー目線の広告

——ユーザー目線の広告というところで、広告といってもいろんな種類のものがあると思うんですが、例えばバナーのコピーを作成する場合、どんなことから着手されるんでしょうか？

木下：まず「面を見る」というのが一番大事で。例えばポスターを作るときは、どこに貼られるかを確認してから作れってことですね。同じフォーマットだったしてもどんな広告面に出るかによって、全然違ってくるんですね。

　なので、その広告を目立たせようとするとある程度の違和感を出さないといけないので、その面にどういう映り方をすればいいのかっていうところをまず確認してから着手するという感じですよね。

　ユーザー目線で考えるには、ユーザーって面から見ますから、まずスマホの画面を見る。別に広告を見ようと思っているわけではなくて、アプリとかサイトを見ようと思っている状態です。そういったユーザー目線の中で、どういうふうに広告を表示させていくかを

考えることが大切なんです。

▼ ❻未経験の人を一流のマーケッターに成長させる秘訣

——北の達人さんって、外から見るとこう、責任なんかをスタッフの方に任せてどんどん権限移譲されていらっしゃるように見受けられます。例えば、未経験の人を一流のマーケッターに成長させる秘訣みたいなものってあるんでしょうか。

木下：どうですかね、未経験の人の方が育ちやすいという側面もあったりします。

　例えば、最初に広告を作る時って、商品を見てユーザーを見て、その広告を表示させる面を見て、という順番で作るじゃないですか。最初にそうやって作って、実際に広告を出してみて反応を見ていくんですけど、2回目からは商品とか面とかじゃなくて、1回目の広告を見ながら作るようになっちゃうんですね。

　だから経験すればするほど、目が濁るっていう側面があるんですよ。他社ですごくたくさんの経験を積んでる人が入ってくると、いろんな広告を知っているんだけど商品のことを全然わかってないということがあった。話を聞いてるといろんな他社の広告について詳しくて、勉強しているなぁと思うんですけど、じゃあそれが自社の商品に合うというと、そうとは限らないということですね。

　ここ最近は、未経験者のほうがいい、なんてこともありますよ。未経験者や経験者でもまだまだキャリアが浅い人に、商品とかユーザーをきっちり見てもらって、ゼロから考えていきましょう、とい

う感じでやっていくんです。

　例えば、商品の全成分を社内の資料を一切見ないで、ゼロからもう1回調べてもらったりします。化粧品なら「この成分の売りはこれです」と、いちばん最初に作ったものがあるとしても、それは最初の段階ではそう決めたって言うだけであって、競合で似たような商品が出てくると、そこはもう売りではなくなってしまう。

　だから新入社員はどれが売りなのかとかは一切関係なく、全部ゼロから自分で調べてみてほしいということ。そうすると社内で今まで注目されてなかった成分が実は意外な効果がある、みたいなことに気づいたりする。ならばその成分を切り口にしたクリエイティブを作ってみようということで、今までとは全く違ったものができてくるんです。

――そういう優位性の見つけ方と教育の仕方は、とても面白いですね。

▼ **❻担当者に任せても現状把握と改善を上手くやってくれるヒミツ**
――関連してスタッフさんによる現状把握と改善行動について伺いたいのですが、マーケティングノウハウの仕入れ方やインハウス化、スタッフさんに権限を渡してしまうときに重視されていることはありますか。

木下：基本的に全部、数字でわかるようにしてます。広告を出したら、それをデイリーでCPA（1件の成果獲得＝コンバージョンにかか

るコスト)を全部チェックして、上限を超えているものは全部ストッ プ、そうじゃないものを継続で出していくとか。では、CPAを超え ているものに関してはCPC(クリック1回あたりの料金)が高すぎ るのか、遷移率が低すぎるか、CVRが高すぎるのか、というアジェ ンダをシステムでパッと見えるようしているので、何が問題なのか ということが一目でわかります。

それと、評価制度が結構うまく機能していますね。**広告運用チー ムとクリエイティブチームで、別々の評価制度で動いています。**

まず広告運用チームっていうのは、「上限CPA以内で獲得した件 数—上限CPAを超えて獲得した件数」で評価しているんです。どう いうことかというと、上限CPAを超えて獲得してしまうとマイナス になってしまうんですね。なので、上限CPA以内の件数しかまず評 価しません。

単に上限CPA以内が多かったらOKということではなくて、上限 を超えた分は差し引きますということにする。こうすると、例えば 上限CPAが1万円のものが6万円使って5件しか獲れてないとする と、CPAが1万2000だから、このまま今日1日終わってしまうとマ イナス5件としてカウントされるんですね。

これを埋めるべきなのか、この5件を取れているから、あと1万 円足して2件獲得すれば7万円で、7件でプラスになる。ここのせめ ぎあいを、皆ものすごくやるわけですよ。それやりだして皆めちゃ くちゃ腕が上がったんです。絶妙のタイミングで、それこそ機械で は判断ができないようなところを皆が職人技でピタッと合わせるよ うになってきて、「うちのスタッフすごいな」と思うこともあります。

クリエイティブチームの評価制度っていうのは、1件の新規の獲得をしたときには、要は広告を作った人と、間のブリッジLP（記事LP）を作った人と販売LPを作った人に、1件の新規の獲得に対してそれぞれ0.33ポイントずつ入るんです。

　広告がいちばん、数がたくさん作りやすいので、まあバンバン作ってやっていけばいいけども、いいLPとかいい記事LPを作ると、みんながそれを使ってくれるんですね。それが印税になるんですよ。

　だからチーム全体のスキルが低い時は、みんな広告を作るんですね。広告を作るときにどのLPに飛ばしたら一番いいのかっていうのを、真剣に考えるんです。自分の作ったLPを使ってもらえると印税が入るので、みんなに使ってもらえるCVRの高いLPを作ろうとするようになるんです。

　こうやって、だんだん成果が出てくる。そういう形でやっていっているんです。

****

「マイクロコピーはダイナミックな事業戦略である」
　木下社長は著書の中でマイクロコピーをこのように紹介されています。

　「短い数文字を打ち込んだだけで売上を大きく変えることができる」というと、結構ミクロな話に聞こえてしまうのか、「じゃあ、そんな些細なことは後回しでいいのでは？」と思われがちなのですが、木下社長はこのようにも書いています。

　「**数千円の改善ができない人に、数億円の改善をできるはずがない**」

　まさにその通りだなと思います。

　その数千の積み増しを着実に重ねていくのが、マイクロコピーです。ぜひ、あなたもすぐにマイクロコピーによる改善を試してみてください。

おわりに

　こんなに簡単に、数文字を変えるだけで売上をアップできるのに、やらないなんてあまりにもったいない。

　そう思って、これまでの採算性があまりに低いWEBマーケティングのアプローチを一新する解決方法を多くの日本企業に使ってもらおうと、講座やセミナーを6年以上に渡って開催してきました。

　おかげさまで、マイクロコピーの最初の書籍が出版された当初に比べて、「マイクロコピー」の存在が徐々にマーケッターや経営者、コピーライターに広まってきているようです。

　ただ、よく見かけるマイクロコピーの情報は「単に購入意欲を煽る」単語を推奨したり、「ウケるワードリスト」だけが先歩きしたりといった表面だけをすくいとったものが多く、自分自身の顧客を理解すること、という最初の第一歩が抜けていることに、もどかしさを感じていました。

　また、マイクロコピーという言葉の認知が広まってきている反面、その重要性にはまだ気づいていない経営者も多く、事業に対してあまりインパクトがない、後回しにしても差し支えない、という捉え方をされていることにも、焦りを覚えています。

　「これでは、スピードが段違いの海外勢に負けてしまう」と。

　そう、マイクロコピーとは、「やっておくとお得なテクニック」ではなく、「やらなければ負ける」あなたの事業のコア戦略なのです。

　そこで、今回新たに書籍化をするにあたり、従来の本とは異なり顧客理解から作るマイクロコピーを、ライティング初心者でもすぐ

に行動できるように体系化しました。

　本書で解説したことよりも簡単にかつ長期的に売上を増やす方法はない、と思っています。

　（もしあるならぜひ教えてください！そっちを売りますから）

　ぜひ、ちょっとだけでも試してみてください。もしうまくいかなくても、すぐに元に戻せますから、あなたにリスクはありません。

****

追伸：

　あなたの声をぜひ、マイクロコピーで早速アウトプットしてみませんか？

　本書をお読みいただき、改めてありがとうございます。マイクロコピーがビジネスに与える費用対効果の大きさを、少しはお伝えできたでしょうか。

　最後に、あなたにお願いがあります。日本では、まだまだ売上に困っている経営者やマーケッターが大勢います。

　あなたはすでにマイクロコピーを書く力を身につけています。もしかしたら、もう実践して大きな成果を上げているという人もいるかもしれません。ぜひ、Amazonや楽天のレビューを通じて、

・試してみた印象、気持ち　・売上や成約率の変化　・読んで感じたこと

を、お聞かせください。

　もちろん、正直に書いていただいて構いません。

　マイクロコピーを書くのと同じように、本書を手に取ろうか迷っている人たちに向けて、あなたの言葉で、背中をあと押ししていただければ幸いです。

　あなたからのメッセージを楽しみにしています。

****

　本書を締めくくるにあたって、感謝を伝えたい人がいます。

　本書を執筆するきっかけを与え、また厳しく鍛えてくださった「日本におけるマイクロコピーのパイオニア」である株式会社オレコンの山本琢磨社長。

　マニアックなテーマにも関わらず、出版を引き受けてくださったスタンダーズ様。

　そして、出版のご縁を得るために奔走してくださった有限会社インプルーブの小山睦男社長と宍戸直行様。

　貴重な社内事例を共有し、本書への掲載も許可してくださった北の達人コーポレーションの木下勝寿社長。

　売上向上のテストを共にしてくださったクライアント企業様。本書の作成にあたり協力してくださった稗島恵生さん、宮田宏美さん、小川祐子さん、馬渕美玖さん、湯浅きららさん、谷風理美さん。

　そしてここまで自分を見守ってきてくれた父と母に本書を捧げます。

　この本を見てくださったあなたと、そしてその周りの方のビジネスが、最高に幸せなものになりますことを願っています。

2024年5月　野津 瑛司

▼ 参考文献・WEBサイト

https://techreport.com/statistics/website-statistics/

https://www.nngroup.com/

https://truelist.co/blog/ux-statistics/

https://vwo.com/blog/zalora-product-page-optimization-case-study/

https://www.mckinsey.com/tr/our-insights/prediction-the-future-of-customer-experience

https://www.hubspot.jp/

https://www.behave.org/

https://www.interaction-design.org/literature/topics/a-b-testing

https://shanebarker.com/blog/conversion-rate-optimization-case-studies/

https://www.nicereply.com/blog/empathy-mapping-guide/

https://www.wordstream.com/blog/ws/2015/02/20/call-to-action-buttons

https://www.optimizely.com/insights/blog/code-org-story-optimization-opportunity-gap/

野 津 瑛 司　Eiji Nozu

株式会社オレコンブランドマネージャー／株式会社サンクエトワール製薬代表取締役／マイクロコピーライティング協会会長／EC＠JAPAN副代表
1985年千葉県生まれ。千葉大学理学部地球科学科卒業。マジシャン出身のマイクロコピーライティング協会会長＆講師。GAFAをはじめ世界のWebサービスが活用するライティング技術「マイクロコピー」の日本での協会立ち上げ当初より、企業や事業主に対してWeb改善トレーニングを実施。これまで行った指導実績は190社以上（北の達人コーポレーション、レッドビジョン、goodbody株式会社、ビズクリエイト、ダイレクト出版、博報堂など）。結果報告を受けている案件だけでも、1回の講義につき平均173％の売上改善を実現。「ダイヤモンドオンライン」では、マイクロコピー特集記事を執筆。過去のマイクロコピーの改善トレーニングで「1行の文章の改善でアフィリエイトサイトの成果を2倍に」「Amazon商品ページ概要欄の順序を入れ替えて売上1.5倍に」「検索結果の表示を3文字改善してテレビ取材のオファー獲得」など、多数の実績を持つ。

［監修］山 本 琢 磨　Takuma Yamamoto

株式会社オレコン代表取締役
ビジネス効率化、多角化経営のエキスパート
自らが代表を務める株式会社オレコンにて、100名からなるスタッフをフルリモートで活用。社長がいなくてもスタッフが次々と新事業を生み出し、結果を出す仕組み作りを実現。また、厚生労働省の定める「自営型テレワークの適正な実施のためのガイドライン」を順守した取り組みを自社で行い、令和元年度にはアクサ損害保険株式会社、アマゾンジャパン合同会社等とともに総務省から「テレワーク先駆者」決定企業の11社に選定されてる。現在は株式会社オレコンの他、アクセサリー通販や健康食品など、複数の会社を同時に経営しており、グループ年商15億円にのぼる。多角化経営を自ら実践し、そのノウハウを集約した独自の「経営仕組み化戦略」は国内外から大きな反響を得ており、多角化経営のエキスパートと呼ばれている。

●株式会社オレコン
https://orecon.co.jp/

●マイクロコピーライティング協会
https://microcopy.org/

読者特典

最後に、ここまで読んでくれたあなたに、とっておきのプレゼントを差し上げたいと思っています。
マイクロコピーの知識を教え込み、マイクロコピーに関するフィードバックに長けたAI（GPTs）です。
手っ取り早く結果を出すために、ぜひ活用いただきたいと思っています。
下のQRコードからご登録ください。

https://microcopy.org/lp/microcopygpts/

［企画コーディネート］ 小山睦男（インプルーブ）
［カバー・本文デザイン］ 植竹 裕（UeDESIGN）
［DTP・図版作成］ 西村光賢

AI時代の初心者が大手代理店に勝つ技術

「最強の一言」Webコピーライティング

ほんの数文字の工夫が「売れるサイト」をつくる！マイクロコピー活用術

2024年6月25日　初版第1刷発行

著者　　野津瑛司
編集人　河田周平
発行人　佐藤孔建
印刷所　中央精版印刷株式会社
発行　　スタンダーズ・プレス株式会社
発売　　スタンダーズ株式会社
　　　　〒160-0008
　　　　東京都新宿区四谷三栄町12-4　竹田ビル3F
営業部　03-6380-6132